勉強しない子には「1冊の手帳」を与えよう！

石田勝紀
Katsunori Ishida

Discover

はじめに

勉強しない子どもには、1冊の手帳を持たせましょう！
「勉強しなさい！」の連呼は、もう必要ありません。

みなさま、はじめまして。私は、横浜市で「緑進学院」という小・中学生、高校生対象の学習塾を経営している石田勝紀と申します。これまで約27年間にわたり、約３０００人の生徒（小中高）を直接指導し、１００％全員の学力を引き上げてきました。

熱心な親御さんからご相談を受けることもよくありますが、その中で最も多い質問は何だと思われますか？　それは、「うちの子、まったく勉強しないんですが、どうすれば自分で勉強するようになりますか？」です。

そのお気持ち、当然といえば当然ですね。この本をお読みのみなさんも、お子さんに自主的に勉強をしてほしいとお考えのことと思います。

このようなご質問に対して、決まって私は次のようにお話ししています。

「多くの親御さんが同じことで悩んでいらっしゃいます。子どもが自主的に勉強するというのは非常に稀なことなのです。

勉強をやらせるためには、まずは塾へ行かせればよいという考え方が浮かびますが、塾に入ってしっかりやる子もいれば、そうでない子もいます。そのため、塾へ入れれば勉強をやるようになるだろうと期待しても、裏切られることがあります。

子どもが勉強しない理由はいろいろと考えられますが、代表的な理由を1つあげましょう。それは、子どもに対して親が『勉強しなさい！』と言ってしまうことなのです。『勉強しなさい！』と言われて、『はい！　勉強します！』という子どもはいません。それよりも、むしろ『勉強って嫌なことだ』という意識をインプットしてしまう可能性さえあります。

命令的な指示は効果がないばかりか、逆効果になる可能性も秘めているのです。……」

つまり、多くの親御さんは子どもに「勉強しなさい！」と連呼することで、勉強させようとしていると思いますが、それでうまくいくはずがないのです。

「勉強しなさい！」の言葉が、子どもを勉強ギライにしている

中学校2年生の子どもを持つ親御さんと面談をしたときのことです。この親御さんとは、入塾して初めての面談でした。

私が、「お子さんは家庭で勉強をしていますか？」と尋ねると、お母さんは、「いっさいやらないんです。学校の宿題もままならない状態なので、塾に入れて少しでも勉強してくれればと思っています」と切実な声で答えてくれました。以下は、その面談の続きです。

私：私どもの塾では成績を上げるために、しつけ（あいさつ、時間を守る、整理整頓）がまず重要という考えのもとで指導しています。生活習慣についてはしっかり指導していきますが、よろしいでしょうか。

母親：はい、お願いします。徹底してやってください。

私：　ところで、お子さんが家で勉強をやらなくなったのはいつごろからですか？

母親：中学校に入ってからです。小学生のころも、家では宿題以外はあまり勉強していませんでしたが、学校の勉強はなんとかなっていました。

私：　中学校に入ってから、お母さんはお子さんに対して「勉強しなさい！」という言葉を家で使っていませんか？

母親：ええ。毎日言っているのですが、それでも一向にやらないのです。

私：　実は、その「勉強しなさい！」という言葉が子どもを勉強ギライにするという事実をご存じですか？

母親：え、そうなんですか？　でも、うちの子は言わないとやらないし……。

私：そう言うから、やらなくなってしまうのです。これはたとえにすぎませんが、「勉強しなさい！」と1回言えば、偏差値が1下がると思っていただいてもいいかもしれません。

親は子どもにとって教師ではないので、勉強のことを言われると、子どもは無意識のうちに反発心を持ってしまいます。

たとえば、お母さんも家でご主人に、「今日は肉料理にして」「明日はカレーを作って」と言われるより、「今日の夕ごはん、とてもおいしかったよ」と言われたほうが、明日もがんばっておいしい料理を作ろう、と思われるのではないでしょうか。

人間の心というものはそういうものです。やる気は、強制する言葉からは出てこないのです。

子どものやる気を高める2つの方法とは？

しかし、「勉強しなさい！」という言葉を使ってはいけない、と言われてしまうと、今度は親御さんにストレスがたまってしまいます。いつか何倍にもなって爆発してしまうと、さらに被害が拡大することも……。

では、どうすればよいのでしょうか？　これには2つの方法があります。

1つ目は、「勉強しなさい」という言葉を、「やるべきことをやりなさい」と言い換えることです。

親は子どもにとって教師ではないので、子どもは親から勉強のことをあれこれ言われることを無意識のうちに嫌います。しかし、人としてあるべき行い（道徳や倫理観など）は親から言われると、「うるさい」と思いながらも無意識に受け入れます。「やるべきことをやる」という言葉には道徳的観念があるので、子どもは反発できないのです。

その結果、子どもが勉強するようになればいいのですが、うまくいかない場合もあるでしょう。「やるべきことをやりなさい」と言われたから仕方なしにやったということも多いからです。

それでもまだ子どもの心が前向きに勉強に向かわないようでしたら、2つ目の方法を使います。

それは、「子ども手帳」を使うことです。手帳といっても、独自の「子ども手帳」という商品があるわけではなく、市販のお気に入りの手帳を使います。そこにやるべきこと（勉強やお手伝い、宿題など）を書き込み、やり終えたら赤ペンで消すというだけのことです。

一般に、子ども（幼稚園〜高校生）は手帳を持ちません。それは、手帳を持つだけの予定がなく、時間割は学校が決めているからです。しかも、行動がワンパターンであり、ビジネスマンのようにルーティンワーク以外の予定が入ることはありません。

それでも子どもに手帳を持たせることには、大きな意味があります。

子どもの行動をつぶさに観察してみると、やるべきことがワンパターン化しているにもかかわらず、それをしっかりとこなしている子どもは少ないことがわかります。

特に、母親によって「勉強しなさい！」「宿題やったの!?」と半ば叱られてから、ようやく行動を起こす場合が多いのです。

では、なぜこのようなことが起こってしまうのでしょうか？　それは「勉強」という一見、面倒くさく、魅力的でもない〝作業〟に心が向かわないためです。

そこで、心を勉強に向かわせるために、「子ども手帳」を使うのです。

私は長年、教育に携わり、多くの子どもたちを指導してきました。そこでわかったことは、「モティベーション」と「仕組み」の2つを両輪とした指導方針をつくればよいということでした。「モティベーション」は心の状態であり、「仕組み」は、行動へ駆り立てる構造のことです。

「子ども手帳」は、行動を起こすための「仕組み」であり「ツール」なのです。

こう言うと、「子どもに手帳を持たせるなんてまだ早いのでは？」と思われるかもしれません。でも、実際に「子どもたちに手帳を持たせて、そこにやるべきことを書かせ、終わったら消す」という非常に単純明快な作業をさせるだけで、従来の勉強しなかった状態から〝やる状態〟へと１８０度転換するようになるから不思議です。

「ポイント制」も有効な手段！

さらにやる気を引き出すためには、「ポイント制」を導入します。つまり、1つの行動（タスク）が終わったら、それを1ポイントに換算して、ポイントが貯まっていくようにするのです。

世間では、良い点数を取ったら、ごほうびとしておこづかいをあげたり、何か買ってあげたりすることがあります。身近な人に聞いても、やる気を出させる手段としてこの仕組みを使っている親御さんは多いようです。

これは、「達成したらプレゼント」という「結果」に着目したモティベーションアップ法ですが、私が着目した点は少し異なります。

「子ども手帳」では原則的に、**行動（やるべきこと）が1つ終わればポイントが入ってくる**ようにします。つまり、「プロセス」に着目するのです。

この手帳の目的は、毎日歯を磨くことが当たり前の行動であるように、勉強も〝習慣化〟させて当たり前の行動にさせることにあります。日々の予定をこなすことで即ポイントにつながるという形にすれば、やる気は高まるのです。そして**習慣化された勉強は、必ず結果を生み出していきます。**

ポイント化については、「ポイントのために勉強するようになっては困る」と心配される方もいらっしゃいますが、これまでそのような報告はありませんので、ご安心ください。

幼稚園では登園するたびにシールがもらえて、それを貼っていきます。はじめは、シールをもらうためだけに幼稚園に行く子もいるかもしれませんが、毎日通園しているうちに、それが習慣化されて「シールのための通園」ではなくなっていきます。これと同じことなのです。

この本では、私が考案した「子ども手帳」の使い方についてお話ししていきます。これまでたくさんの方に簡単な運用方法を書いた冊子をお渡しし、**実行していただいた結果、即日効果があったというご報告を多数受けています。**いくつか、その成功例もあわせてご紹介していきます。

この「子ども手帳」という仕組みを使うことによって、一人でも多くの子どもが、勉強に前向きに取り組むようになり、また保護者のみなさまの笑顔が子どもに向けられるようになることを願っています。

勉強しない子には
「1冊の手帳」を与えよう!

CONTENTS

はじめに

第1章

アイデアいっぱい！ 効果バツグン！「子ども手帳」はこう使おう！

第2章

「子ども手帳」をつくろう！

第3章
「子ども手帳」こういうときはどうする？

第1章

アイデアいっぱい!
効果バツグン!
「子ども手帳」は
こう使おう!

はじめに、実際に「子ども手帳」を使っているお母さま方からのレポートをご紹介します。それぞれ、オリジナリティのある使い方で、お子さんの特徴に合うように工夫されています。

それぞれ学年も性別も、置かれた家庭環境もすべて違います。しかし、お読みいただくとわかりますが、かなりの効果が出ているようです。

みなさん、それぞれ抱えている課題は異なりますが、共通することもあります。それは、子どもは日々親から言われないと行動を起こさないという点です。これがすべて「子ども手帳」によって改善されています。しかもお子さんは、義務感を持ってやるというのではなく、自ら主体的に行動を起こすようになっていくのです。

さらに、事例の中にはＡＤＨＤ（注意欠陥・多動性障害）のお子さんを持つご家庭があります。そのお子さんも「子ども手帳」を使ってみたところ、非常に効果があったというられしい報告も頂いています。

では、これらのお母さん方が、「子ども手帳」をどのように工夫して使い、どれだけの効果があったのか、実際の声をお聞きください。

事例01

初日から効果あり！自主的に勉強するようになり、100点をたくさん取るようになった

Aさん ▼ 幼稚園年長男子、小3男子

最初の例は、年長さんの男の子と小3の男の子を持つAさんです。なんと、「子ども手帳」を使いはじめたその日から、効果が表れたそうです！

なぜ、「子ども手帳」を使うことにしたのですか？

うちの子はプリント学習を毎日行っており、ある程度習慣化はしていましたが、積極的にやるという様子ではありませんでした。

学校や習いごとで宿題が出たり、検定試験があったりすると、日々何をやるかということについて場当たり的で、忘れてしまうことも結構あり、当日朝に気づいてやるということも少なからずありました。

また、上の子は学校でのテストでも80点ぐらいで満足しており、計算のケアレスミスをしても特に気にかけず、100点を取るためにがんばることには関心がありませんでした。

どのように手帳を使っていますか?

この「子ども手帳」では、最初は母親である私が書き、1か月後ぐらいには本人に書かせるようにしました。

兄と弟で同じ1冊を使いはじめましたが、いい意味で競争になっており、1人1冊というよりも結果的によかったようです。

使い方としては、見開き1週間の手帳を上下に分ける線を引いて、上段が兄、下段が弟にしています。

内容は、毎日のプリント、習いごとの宿題が週1回、家の手伝いが週2回ぐらいでしょうか。それほど多くはありません。ほぼルーティンワークを書いているようです。

2人とも、朝起きてプリント学習をこなすようにしています。これは習慣になっているので、当たり前のようにやってから元気に学校へ行っています。

7時～7時半にプリント学習をしてから、7時半～8時に食事、そして登校です。**午後、学校から帰ってきて友達と遊ぶために、朝やりきらなくてはならないようにしています。**

自分で朝6時ぐらいに起きてプリントを終わらせて、午後の遊ぶ時間をたっぷりととるようなこともよくあります。

A6ミニサイズの手帳を購入。ラメ入りの表紙がかわいい

ポイント制のルール・工夫は？

ボーナスポイント制を導入

学校のテストで満点を取ったら5ポイント、家事手伝いは2ポイントにしています。そろばんや検定試験の級ごとの合格は、ボーナスポイント（シールを貼って、1枚につき5ポイント）にしています。集計は毎週日曜日に、子どもたちと対話をしながら行っています。

土曜日はプリント学習をしていますが、**日曜日はお休みにしています。**万一、土曜までに終わらないプリントや宿題があった場合は、日曜日にやるようにしていますが、やるかやらないかは本人の自由です。やればポイントになりますが、やらなければポイントにはなりません。本人の判断にします。

1か月経って、月末にその月の集計をして、兄弟でわかるように点数を書いています。兄と弟で競い合っているようです。

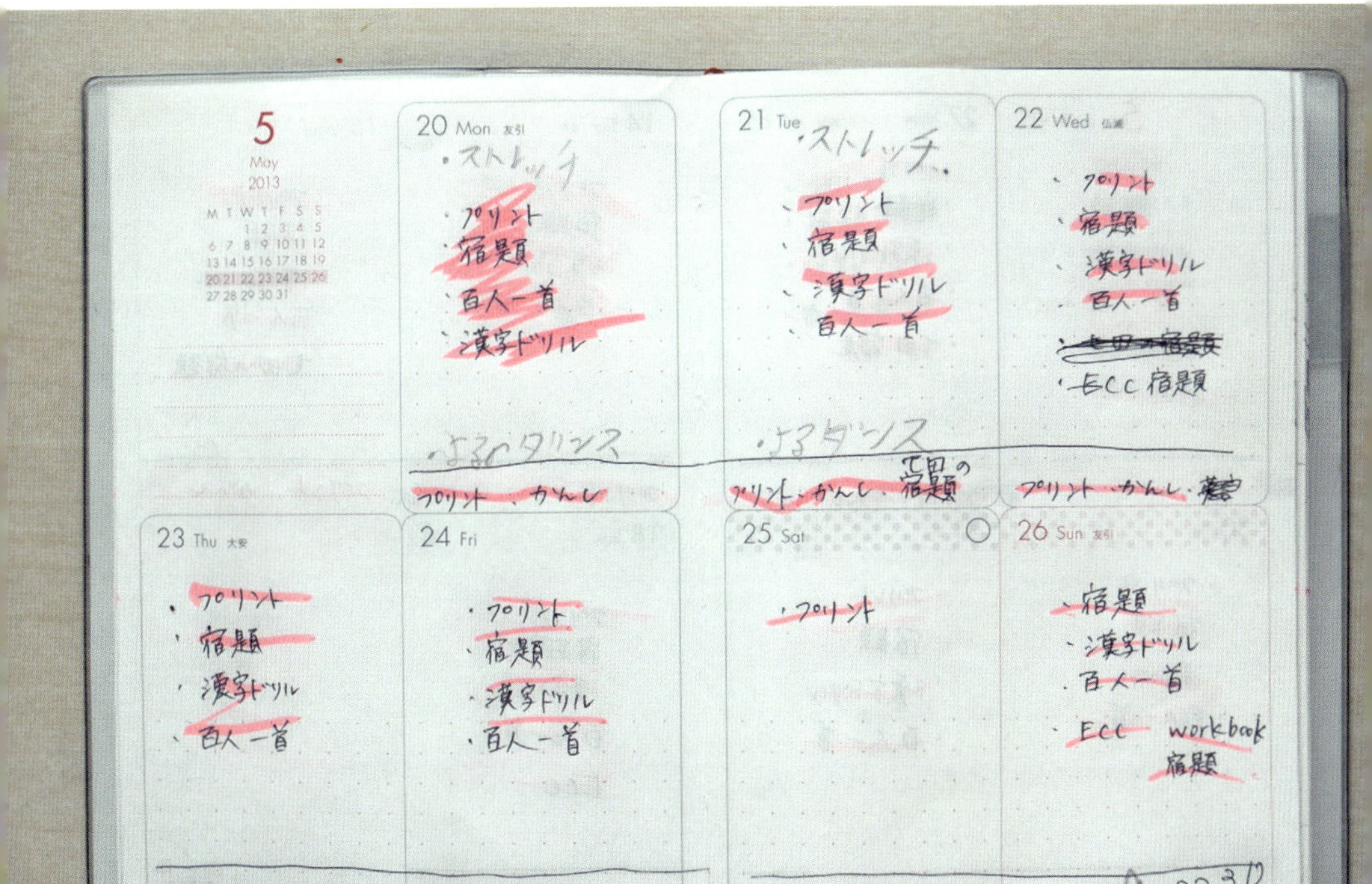

はじめのころは、親（A さん）が TO DO を記入。それぞれの日の上段が兄、下段が弟の予定

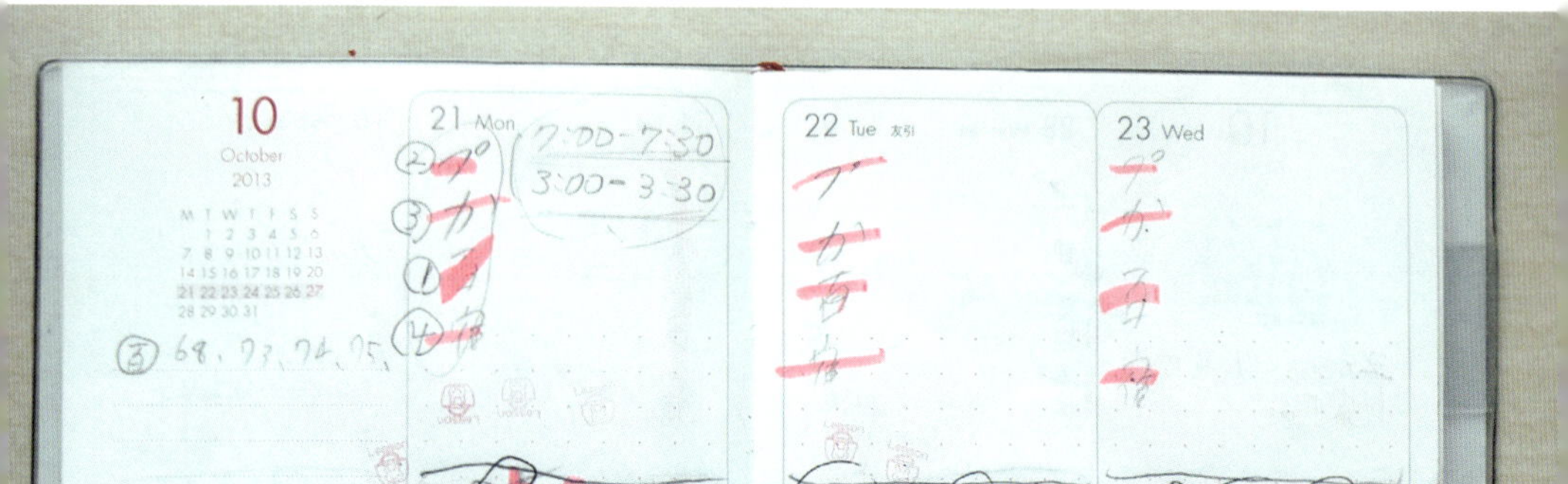

数か月経つころには、自分で記入できるように。
プリントは「プ」、漢字ドリルは「か」と記号化するのもポイント

ポイントは貯金

わが家は、おこづかい制度がないため、**ポイントは貯金してあげています。**子どもは、必要なときに自分が欲しいものを、貯めたポイント＝お金の中で購入しています。

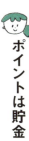

もちろん子どもですから、欲しくなったら衝動的に買うということがあるので、それは本当に欲しいものかどうか考えさせるようにもしています。ただ、貯金しておくと、通帳の金額が増えて、使うと残高が減るので、**そう簡単にはお金を使わなくなりました。**

子どもはどう変わりましたか?

宿題忘れが完全になくなった!

「子ども手帳」を使いはじめて、なんとその日から効果がありました。**私がいちいちやるよう促さなくても、勝手に勉強に取り組むようになっていきました。**驚きです!

シンプルな仕組みですが、こんなに簡単に自主的にやるようになるのであれば、もっと

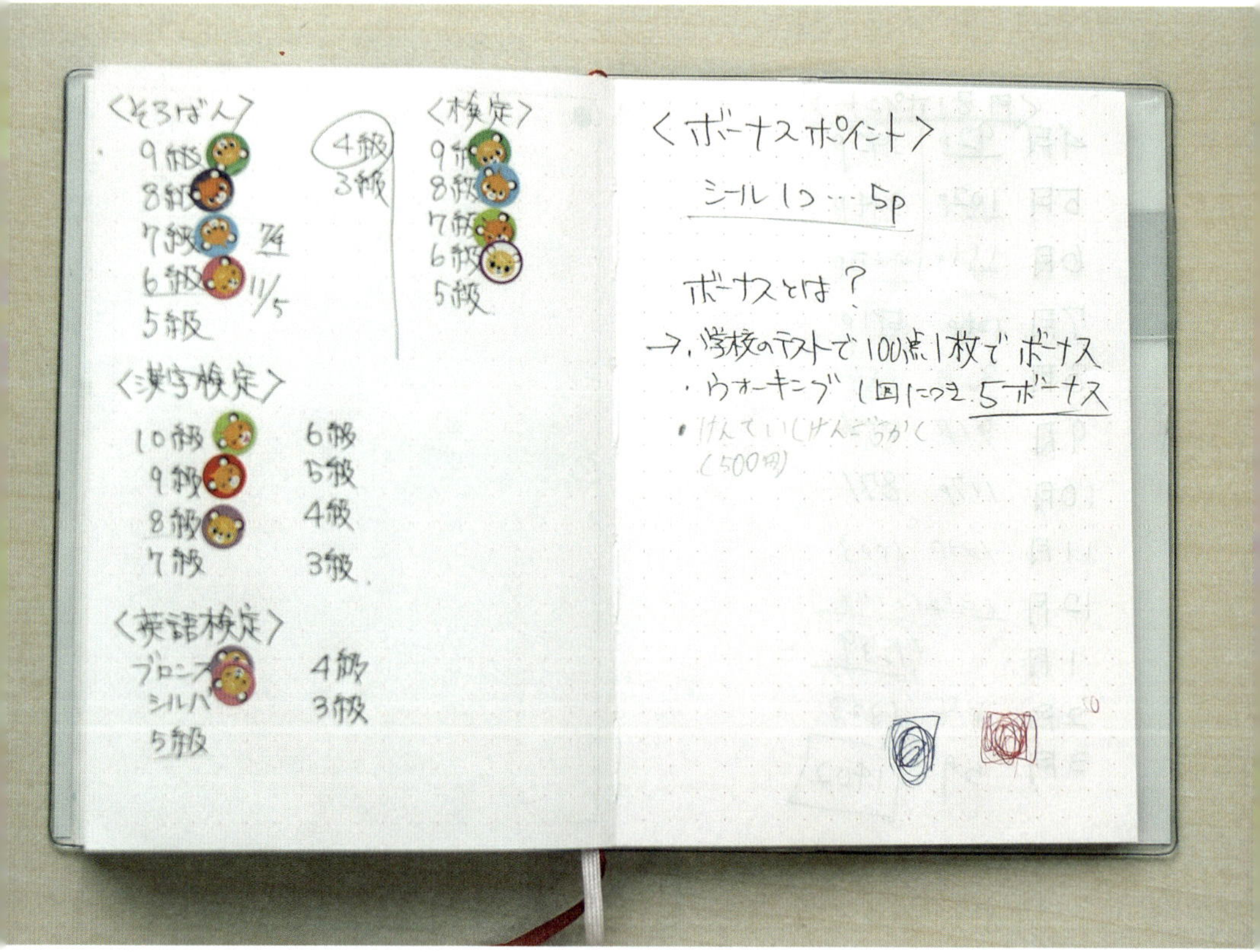

ボーナスポイントは、シールを貼ってわかりやすく。シールを貼るのも楽しみの１つ

早くからやればよかったと思っています。

最も効果があったのは、夏休みです。夏休みは学校に行かないので、どうしてもダラダラしてしまうのですが、手帳に記載していることを日々やっていくことで、最低限のやるべきことがしっかりとこなせていきました。

小学生の間は、毎日のコツコツした基礎学習が重要です。「継続は力なり」ということで、学校でのテストの得点率は高くなっていきました。今まで80点ぐらい取れればいいと思っていたのが、満点への執着も高くなり、100点を取る回数が増えてきました。

そして何よりも、宿題忘れが完全になくなりました。手帳に宿題を書くようになったためでしょうか。宿題忘れがなくなり、随分と変わった気がします。

家庭の約束ごとも守れるように

「子ども手帳」を使いはじめて1か月が過ぎるころには、すっかり習慣になりました。なので、ポイントがなくてもやるのではないかとは思いますが、やはりポイント効果は大きいので、今も続けています。

しかし残念ながら、ポイント欲しさに、やっていないことをやったことにして赤ペンで消し込みをする可能性がないとはいえなかったので、**ウソをついたら過去1か月分のポイントが0になることにしました。**

ついでに、この機会に道徳めいたわが家の約束ごとをつくりました。それは次のとおりです。

- 早寝早起き
- 約束を守る、ウソはつかない
- 片づけをする

これができたか、週末に子どもと話していくことにしました。今のところは努力しています。これらのことに意識するようになったので、その意味ではよかったと思います。

私からのコメント

Aさんは、正しい生活習慣や道徳観念を守るためにも手帳を使われていますね。実は、「子ども手帳」を使うと、単に勉強の習慣がついて自主的に行動できるようになるだけではなく、人間性を高めることもできるのです。やはり、効果があるようですね。

また、１００点を取ろうという意欲が出てきたのもいいことですね。人は「80点でいいや」と思うと、そこで落ち着いてしまいます。「１００点を取りたい」と思うと、それに向けて心構えをし、勉強という行動を起こすようになるのです。

かといって、周囲がいくら「１００点を取ってこい！」と言っても、そのような義務感を素直に行動に移すという子はいません。それよりも、自分で「１００点取りたいな」と思うようにしていかなくてはならないのです。

そのことが、この「子ども手帳」で見事に具現化できていますね。

まとめ

「子ども手帳」導入の効果

・１００点をたくさん取るようになってきた
・親から言われなくても、進んで勉強するようになった
・自分で時間のやりくりをするようになった
・生活習慣や道徳観念を守るようになった

事例 02

ダラダラがなくなり、計画性が身についた！お金について学ぶきっかけにも

Bさん ▼ 小2男子、小5男子

Bさんのご家庭には3人のお子さんがいらっしゃいます。今回は、小5の次男と小2の三男に「子ども手帳」を試されました。Bさんによると、2人のお子さんに驚きの効果が見られたそうです。では、どのような効果があったのでしょうか。

なぜ、手帳を使うことにしたのですか？

石田先生から、「子ども手帳」を紹介されて興味を持ったのがきっかけです。それまでは、漠然と宿題や課題をダラダラこなすだけで、何でやっているのか、どのくらいやったのか、振り返ることなどをまったくしない状態でした。

手帳を使えば、そういう課題が解決できるのではないかと思って始めました。

どのように手帳を使っていますか?

ノートサイズの薄手で、書き込みがしやすいものにしました。字が大きい低学年でも、シンプルで使いやすいようです。お手伝いをした分を、追加で書き込みもしやすいと言っています。

はじめに子どもたちに説明したときは、正直、「面倒だな」という反応でした。でも、ポイント制にして、自分ががんばった分だけ、ゲームみたいにポイントがもらえる、**それが自分へのごほうびになるということを説明したら、やる気が出たようです。**

B5の大学ノートサイズを購入。月間スケジュールページとメモページからなっている

ポイント制のルール・工夫は？

ポイント制については、プリント1枚で1ポイント、テスト2ポイント、お手伝い2ポイント、英検合格10ポイントという設定で始めたところ、2人はやはりゲーム感覚で楽しそうに取り組むようになりました。

お手伝いをすると2ポイントもらえるので、お手伝いを頼んでもいやいやしなくなりました。テストは、100点取るとボーナスポイント（3ポイント）にしています。これも励みとなっており、**今のところポイントを貯めるのが楽しいようです。**

子どもはどう変わりましたか？

計画性が身についてきた

先ほどお話ししたように、以前は、漠然と宿題や課題をダラダラこなすだけという状態

最初のころは、無理のないペースでスタート！

でした。

でも、この手帳を使うことで、**自分が決めたスケジュールを達成できたか、どのくらいがんばれたのかが一目で確認できるので（それも、ポイントを毎週集計するので）、以前よりも達成感があるようです。**

また、事前に予定を書き込むことで、いつまでに何をしなければならないか、計画性も身についてきていると感じます。

お金について学ぶこともできた

わが家では、ポイントの数字イコールおこづかいにしています。お金を大切に貯めたり、使い道をしっかり考えることにもつながっているので、**お金について学ぶきっかけにもなっています。**

少なくとも、わが家では、この「子ども手帳」の効果に驚いています。これからも続けていこうと思っています。

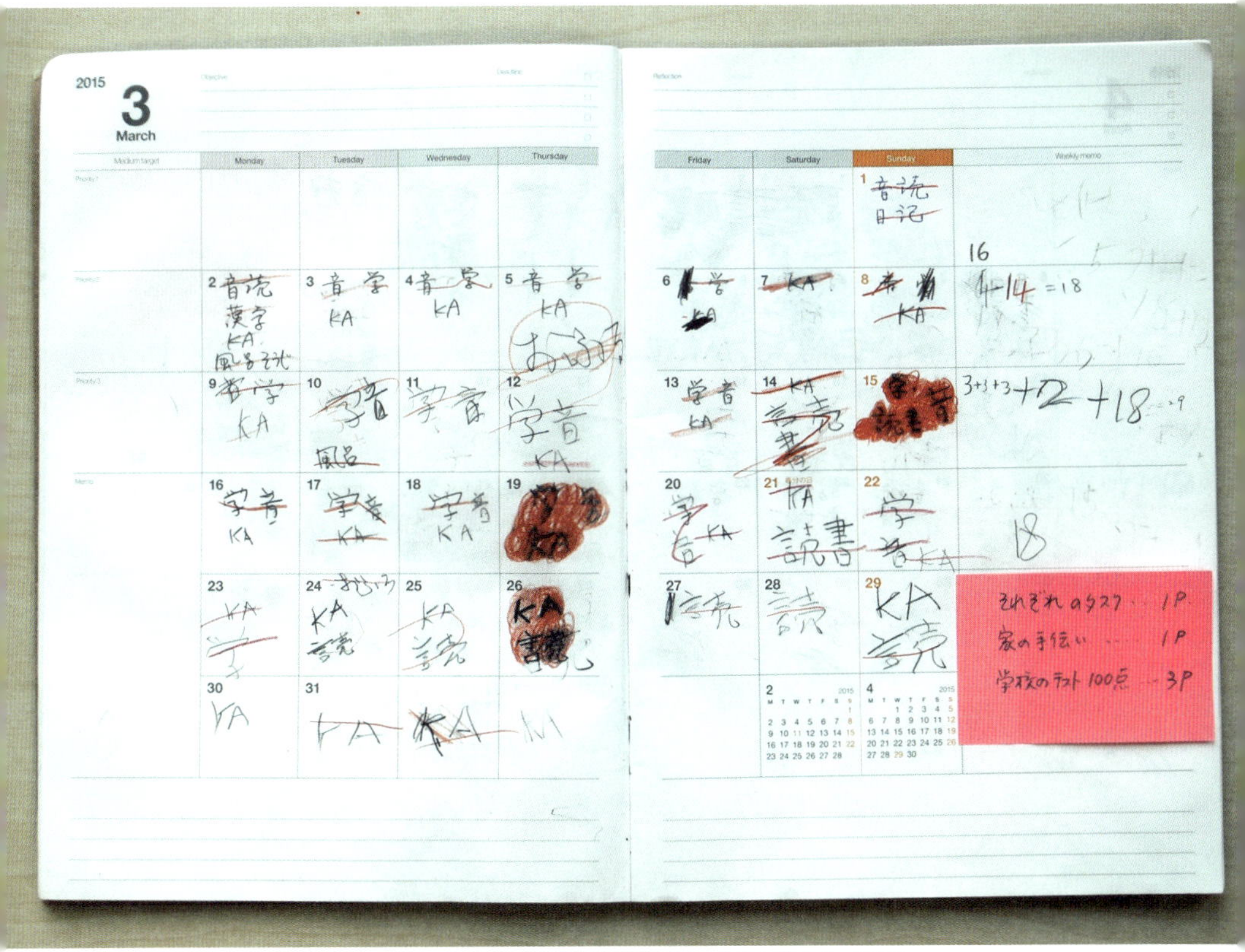

ボーナスポイントはフセンに書いておくと、貼る場所を変えられて便利

私からのコメント

Bさんのレポートには、非常に重要な点がいくつも入っていますね。1つは、「楽しそうにゲーム感覚で取り組むようになった」ということです。

なぜ子どもは、ゲームは楽しそうなのに、勉強はつらそうにするのでしょうか。それは、勉強をつまらないやり方でやっているからです。勉強の内容自体を楽しくすることも大切ですが、勉強をすること自体を楽しんでやるようにしてしまえばいいわけです。

子どもは素直ですね。すぐに楽しいか楽しくないかわかります。そして、2人の兄弟で楽しんでいるということですから、もはや「勉強をする」という意識ではなく、「次々とこなしていく」ということの面白さに意識が移っています。

私がこれまで指導してきた勉強ができる子も、みんな勉強を勉強と思わず、楽しんでいるという様子でした。そのことを思い出させてくれる感想ですね。

Bさんはポイント制を導入されました。そして、これをお金について考える機会ととらえているので、上手にポイント運用ができていますね。

毎月おこづかいをもらって、お金を自分で管理するという習慣ができるのは、とてもいいことです。

しかし、子どもが何の努力もしないで、毎月決まったお金が自分の懐に入ってくるという感覚を身につけてしまうのはよくない、と考える方もいらっしゃるかもしれません。はたして、毎月決まったお金を無条件に渡すということは、ひょっとしたら「まずい」のではないか、と。

私の考えは次のとおりです。社会に出れば、働く対価としてお金をもらうことになります。その感覚を身につけるためにも、子どものころから、何かを成し遂げたらおこづかいを渡すべきだと考えます。

日常、勉強はしない、不規則生活を平気でする、人の悪口や陰口を叩くなど、学びや成長につながらない状態でも、無条件にお金を渡すことはよくないと思っています。ですから、「子ども手帳」を使って、何かを成し遂げたら対価がもらえる、目標を達成したら対価がもらえるという考え方を身につけることを推奨しています。

とはいえ、（大人もそうですが）お金のために働くようになると、人生つまらないものになります。お金の奴隷になってはいけませんね。

おこづかいは、あくまで成果を目で見えるようにしたものであって、子どもがおこづかいのことだけで頭がいっぱいにならないよう、気をつけたいところです。

Bさんのレポートにあるように、子どもは最初、お金のためという単純なポイント稼ぎや達成感に惹かれます。それがしばらくすると習慣化され、やることが当たり前になっていきます。そうすれば、ようやく「子ども手帳」の役割は終わりになるでしょう。

まとめ

「子ども手帳」導入の効果

・積極的に「やるべきこと」をこなすようになった
・お手伝いを進んでやるようになった
・事前に計画を立てるという計画性が身についた
・お金について学ぶきっかけになった

事例03

自作の手帳で、モティベーションアップ! 親子のコミュニケーションツールとしても活用

Cさん ▼ 小1男子

続いて、小1の男の子を持つCさんの例です。Cさんがすごいのは、市販の手帳を買わずに、お子さんと一緒に手帳を作られたところです。そこには、どのような理由があったのでしょうか。

なぜ、「子ども手帳」を使いはじめたのですか?

小学1年生なので、やることがそれほどあるわけではありません。しかし、習いごとをしていることもあり、1週間単位で予定が目に見える形にするというのはよいかと思って、「子ども手帳」を導入してみることにしました。

どのように手帳を使っていますか？

市販の手帳は買わずに自作！

小学1年生ということもあり、小さな文字を書くことが難しいので、**市販の手帳は使わないで子どもと一緒に作りました。**

自分で紙からノートが作れるということが新鮮だったのか、自作の手帳に予定を書き込むことに興味を持ったようです。

予定はシールで色分けして一目でわかるように

1週間の予定を週のはじめに書くことにしました。予定はカテゴリー分けし、次のように**シールで色分けして貼っていくようにしました。**

・赤　学校のこと

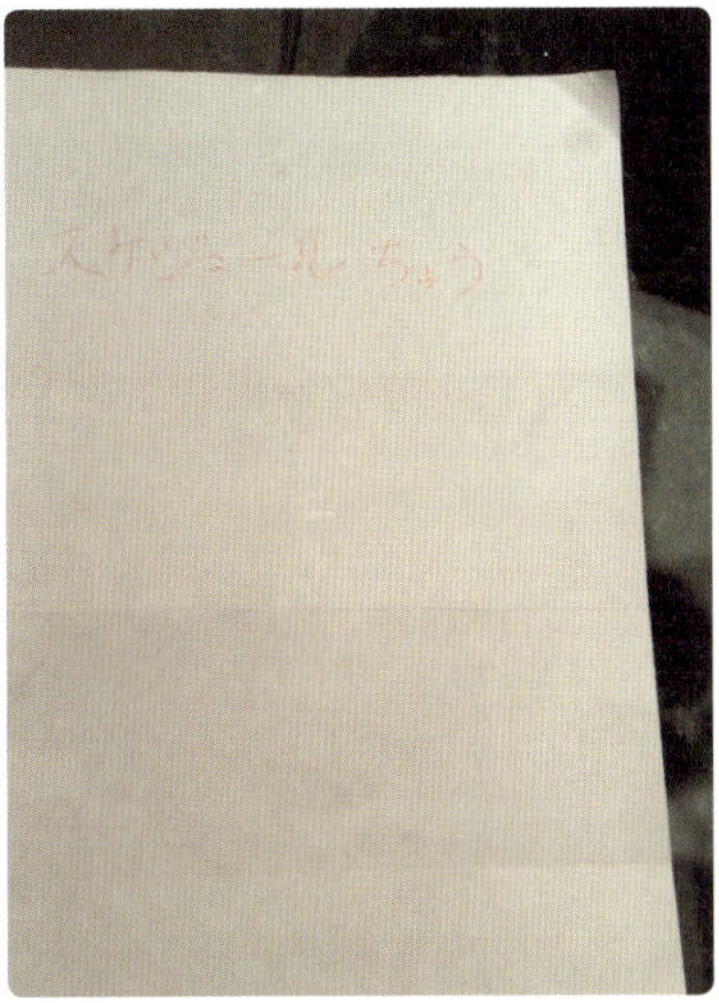

なんと自作！　コピー用
紙を使ってシンプルに

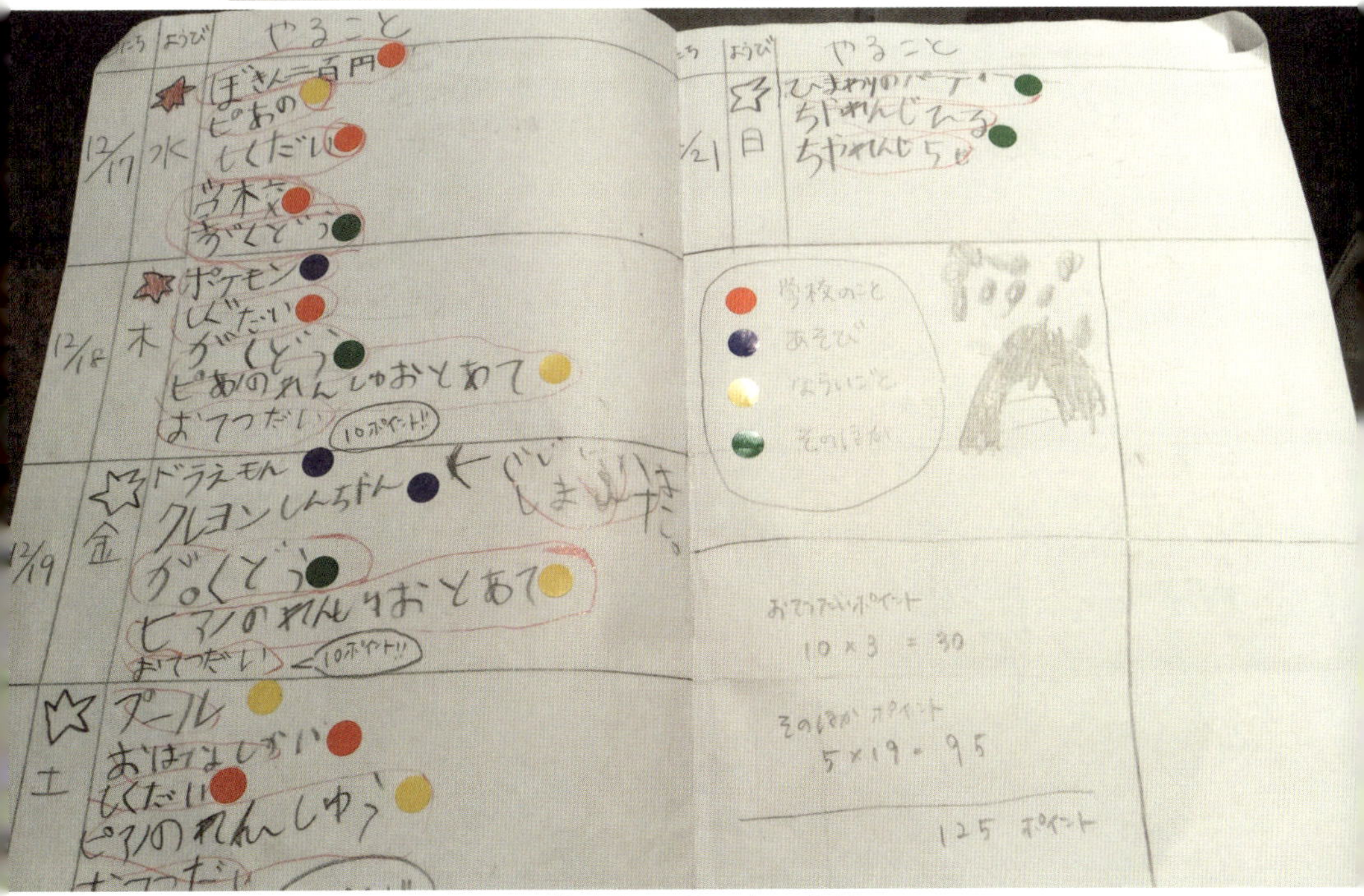

シールが色とりどりなので、手帳を開いて見るだけでも楽しい

・青　あそび
・黄　習いごと
・緑　その他

そして、一日が終わったら、できたものを赤鉛筆で丸囲みします。やりきれなかったことは、なぜできなかったかを書きます。

ポイント制も導入して、週末に精算するようにしました。

ポイント制のルール・工夫は？

冬休み中に、「お手伝いを積極的にしよう！」という学校の課題があったので、お手伝いを10ポイント、その他を5ポイントとしました。「1週間で100ポイントを超えたら、好きなお菓子を買いに行こう」という約束をしました。

お手伝いのポイントが高かったので、1週間分の予定を書き込んだあと、お手伝いの予

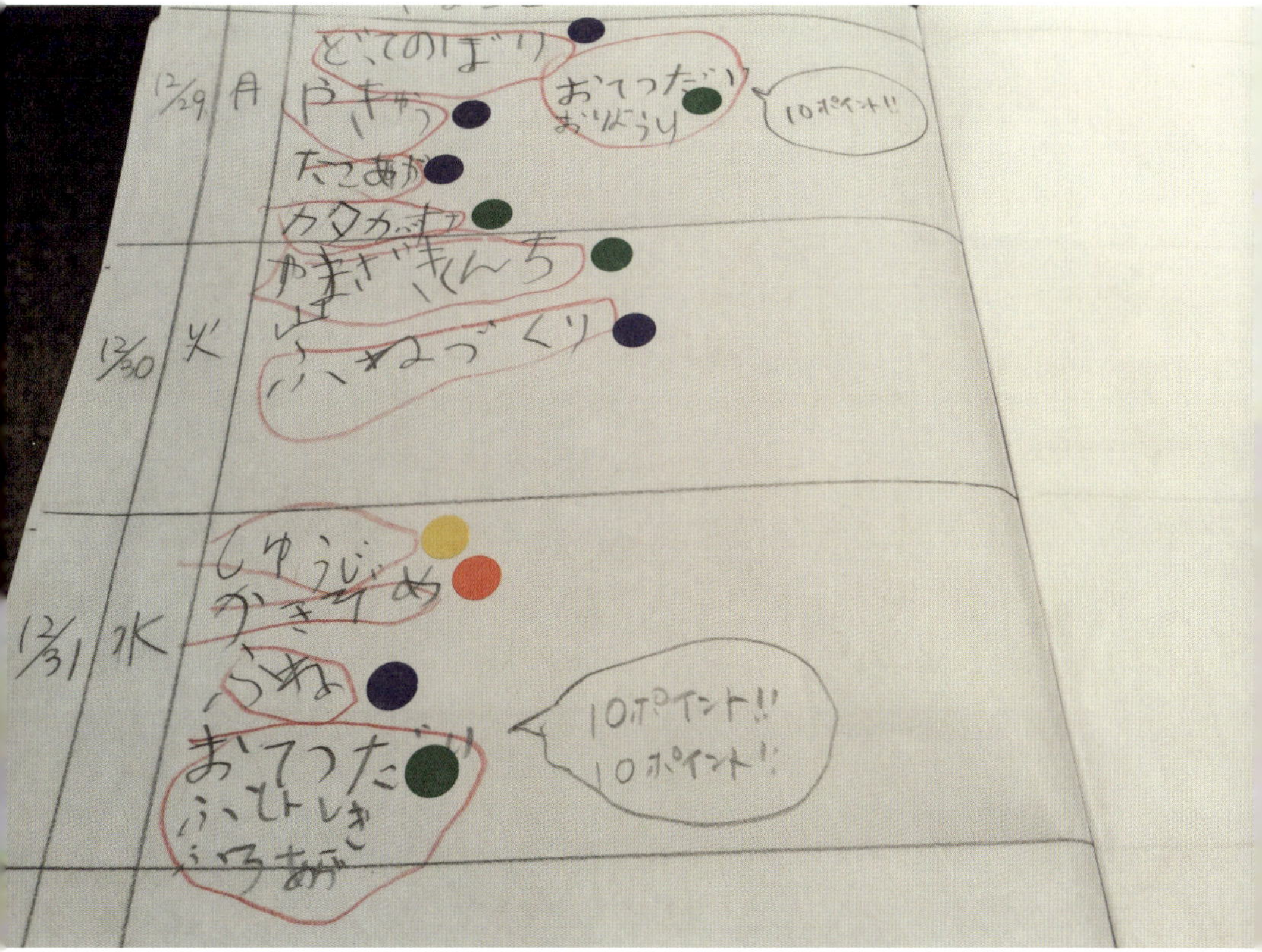

お手伝いは 10 ポイントに。C さんもコメントを入れてやる気をサポート

定を追加しました。結果的に、学校の課題も簡単に終えることができました。

しかし、小学1年生ではかけ算を勉強しておらず、たし算も「○＋○＋○＝○」のような3つまでの計算しかできないので、ポイント精算を自分ですることは難しかったようです。そのため、細かいポイント設定はできませんでした。

ポイントを貯めることは、モティベーションアップにはなりますが、小学校低学年にとっては、数値としてポイントを扱うことは難しいように思えました。

子どもはどう変わりましたか？

期限を守るための工夫を自らするように

1週間分の予定を書き込むことで、今週は何をしなければいけないのか、どんな予定があるのかがわかり、**毎日たくさんのことをやっているのだということがわかったようです。**

学童保育に通っているため、帰宅後から就寝までの時間が短いので、あえて時間は書かず、予定項目だけを書くようにしていました。

ところが、同じ日に同じ予定を2つ書いている日がありました（12月21日の「ちゃれんじ」〔通信添削のこと〕）。「ひる」と「5じ」と書かれていたのです。本人に聞いてみると、添削の提出期限が近いので、昼と夕方5時にやって早く終わらせようと思ったとのことでした。

これまでは、「毎月〇日までに提出しないといけないから、今日はここまでやろうね」と親がペースをつくってきましたが、手帳に予定を書き込むことで、**1日に2回やれば早く終わるのではないかと自分で考えるようになった**のです。期限を守るという点でも、大きな成果が表れたと思います。

予定の調整も自ら行うようになった

予定のカテゴリーによってシールの色を変えたことで、何をどれくらいやっているのか、やらなくてはいけないのかが一目でわかるようになりました。

その結果、「もう少し勉強をした方がいいのではないか」「あそびが多いのではないか／

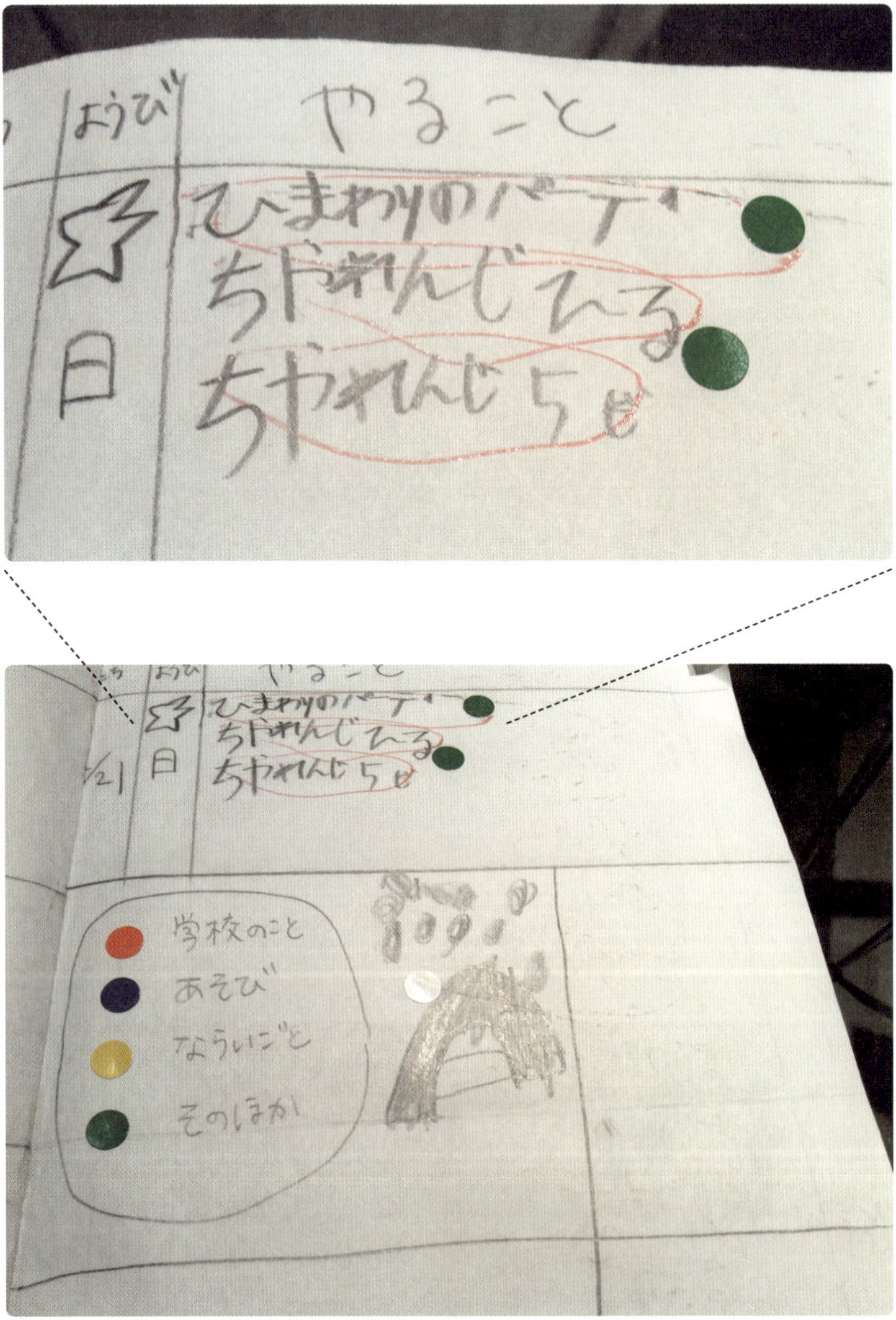

同じ日に、「ちゃれんじ」の予定が２つも!?　聞けば、早く終わらせるために自分なりに工夫したとのこと☆

足りないのではないか」と**自分なりに考えて、予定の調整をしていくようになりました。**

「勉強だけ、あそびだけではなくて、いろんなことをまんべんなくやろう」という約束をしましたので、それが視覚的に一目でわかるようになったのはよかったと思います。

また、冬休み中は学校のことが減り、あそびやその他のことが圧倒的に増えることが目に見えてわかったので、普段とは異なる長期休みの生活を送ることができました。

「がんばっている自分」がわかり、自己肯定感が上がった

これまでは、学校の行事で「今月は遠足がある」や「来月は運動会がある」などの大きな予定だけが長期的な予定で、普段は「明日は○○がある」というような翌日の予定が主だったので、**手帳を書くことで、少し先のことを自分なりに考えることができるようになったと思います。**

また、手帳を見返すことで、毎日自分がこんなにたくさんのことをやっているんだという気づきにもなり、**「がんばっている自分」を自分で認め、小さな自信にもなったように見えました。**

まだ小学校低学年なので、予定を書き込むことも、書き込んだ予定をこなすことも、一つひとつ親が見ることが必要です。それでも、長くやっていけば、この先、自分でできるようになっていくでしょうし、**現時点では、親子のコミュニケーションのツールになっていると思います。**

何より、低学年時で子ども手帳を使うと、子どもがやっていることを親が理解し、子どもは親に見守られているという安心感を得られると思いました。

私からのコメント

Cさんの「子ども手帳」はとても個性的で工夫されていますね。まず、自作であり、完全なオリジナルである点です。

写真を見ていただくとわかりますが、全部、小1の子どもが自分で書いています。そして、シールの色で分野別に分けてあげると、自分がどれぐらい勉強したかなどが一目でわかるので、とても合理的です。子どもはなぜかシールが好きなので、女の子は特にシールを使っていくといいですね。

「手帳に予定を書き込むことで、1日に2回やれば早く終わるのではないかと自分で考えるようになった」というコメントがありましたが、これはすごいことです！

予定が二重になっていたのではなく、小1の子どもが1日に2回やれば早く終わるということに気づき、しかもそれを実行するということがしっかりとできているのです。このような効果があるとは、私は想像さえしませんでした。

ポイント精算については、「小学校低学年にとっては、数値としてポイントを扱うことは難しいように思えました」とありました。

実際、小1では計算が難しいということもあるでしょう。そのため精算は、親子でコミュニケーションを取りながら週末にやるということでよろしいかと思います。

そのときに、「なぜこれはできなかったの！」という言葉は絶対に避けてください。それよりも、「できた部分をほめていく」方が、子どもはさらにやる気を出しますので。

そして、レポートの最後は「低学年時で子ども手帳を使うと、子どもがやっていることを親が理解し、子どもは親に見守られているという安心感を得られると思いました」とうれしい言葉で締めくくられています。

子どもにとっては、親に見守られているという感覚は非常に重要です。特に小学生であればなおさらです。

その親子の信頼関係は、親子との対話、コミュニケーションから生まれます。そのツールとして「子ども手帳」があると考えてください。

まとめ

「子ども手帳」導入の効果

- 自分がどれだけ勉強したか、「がんばった自分」を振り返ることで自己肯定感が上がった
- 期限を守るようになった
- 先を見通して「今、何をするべきか」を自分で考えられるようになった
- 親子のコミュニケーションがよくなった

事例04

「子どもカレンダー」を使って、言われなくてもできる子になった！

Dさん▼小2女子

Dさんのお子さんは、小学2年生の女の子です。Dさんは、私から「子ども手帳」のノウハウを聞き、早速ご家庭で試されました。

私は手帳をお勧めしていましたが、Dさんから「カレンダーを使ってみてもいいですか？」というご質問があったので、「大丈夫ですよ」とお答えしました。

子どもさんがやるべきことを自主的にやるようになり、それが習慣になるのが目的なので、それが達成できるのなら、「道具」は手帳でもカレンダーでもいいのです。

ただ、手帳の方が「自分のもの」という意識が強くなるので、私は手帳をお勧めしています（その後、Dさんは手帳を使われているそうです）。

さて、Dさんのお子さんは「子どもカレンダー」、そして「子ども手帳」を使いはじめて、どのような変化があったのでしょうか。

なぜ、「子どもカレンダー・手帳」を使いはじめたのですか？

娘（8歳）は、勉強は割と好きで言われたらどんどんするのですが、片づけは言われてもなかなかできないところが気になっていました。勉強も遊びながらやっている状態で、集中力がなく、だらだらしていました。

家事の手伝いも、母親の私に言われても、なかなかやろうとしないまま時間が経ってしまい、結局私がやるはめになっていました。

特にわが家は、私が9月に出産したこともあり、今までみたいに私が言わないと何もしないようでは、これから先の学習や習いごとの練習、基本的な生活習慣などがまったくおろそかになってしまうおそれがあったのです。

そのため、まずは家にあったカレンダーを使ってみることにしました。

どのようにカレンダー・手帳を使っていますか？

はじめは、娘がお気に入りのカレンダーを使うことにしました。欄が小さかったので、記号を使うことにして、原則として子どもに書かせることにしました。

（例）学校の宿題↓ＨＷＳ
　　　バイオリンの練習↓Ｖｎ　など。

その後、手帳に変えることにしました。

手帳は娘と買いに行き、欄が比較的大きく、デザインは娘が気に入るもので、薄いタイプの持ち運びしやすいものを選びました。

また、習いごとに応じて曜日ごとにやることを決めているので、１週間前を見て記入しやすいように、見開きがマンスリータイプの手帳にしました。

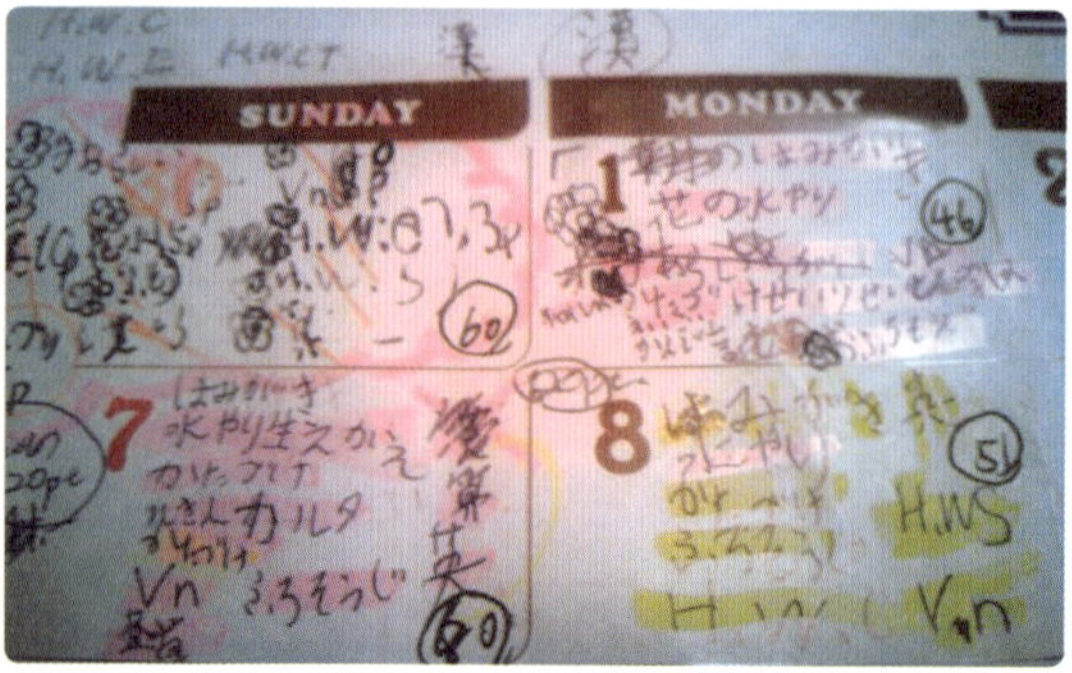

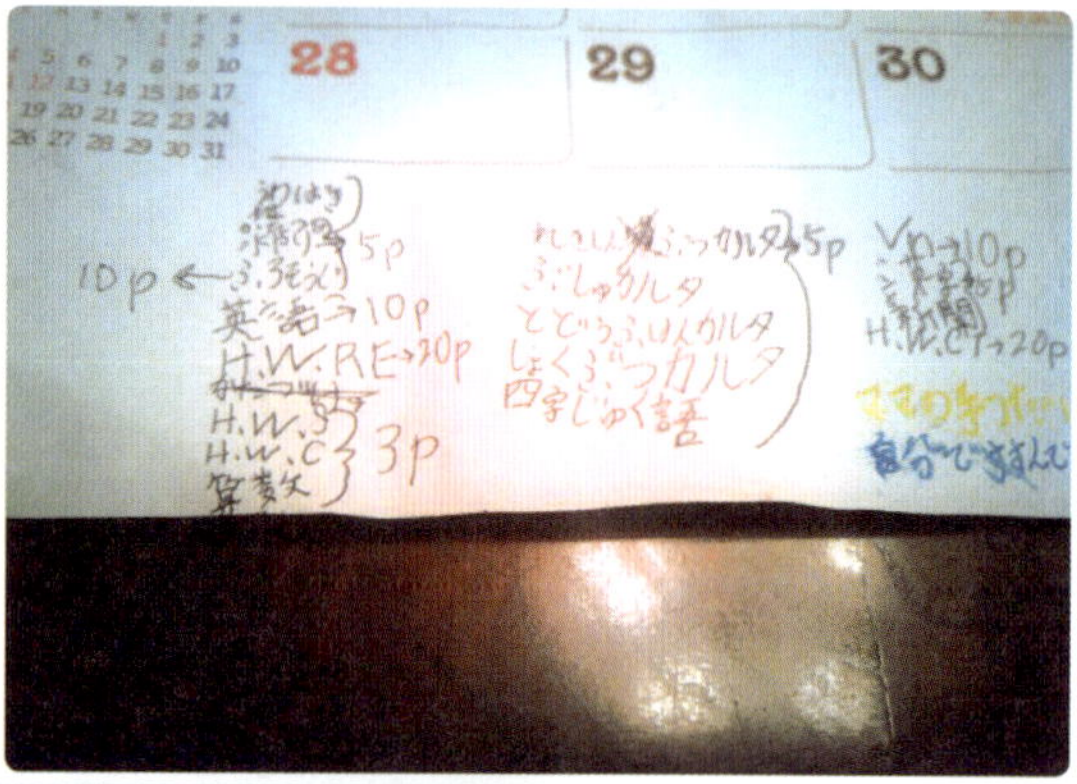

はじめは、お気に入りのカレンダーを使用。カレンダーでも、手帳と変わらない効果が期待できます

ポイント制のルール・工夫は？

次のようなポイント制にしました。

（例）　学校の宿題：５ポイント
ふろ掃除：10ポイント
手洗いうがい、片づけ：５ポイント　など。

特にやってほしかった作文関係については、週１で組み込んで20ポイントにし、進んでお手伝いをした場合も、特別ポイントで20ポイントにしました。

そして、５００ポイント貯まると50円のおこづかい、２０００ポイント貯まると娘が好きな２００円のアイスと交換にしています。

また、１つひとつのことを丁寧にやってほしいというねらいから、完璧にしたら満点をあげる一方で、いい加減にしたら満点はあげないという仕組みにしました。

月間スケジュールページ
のみの薄手のものを使用

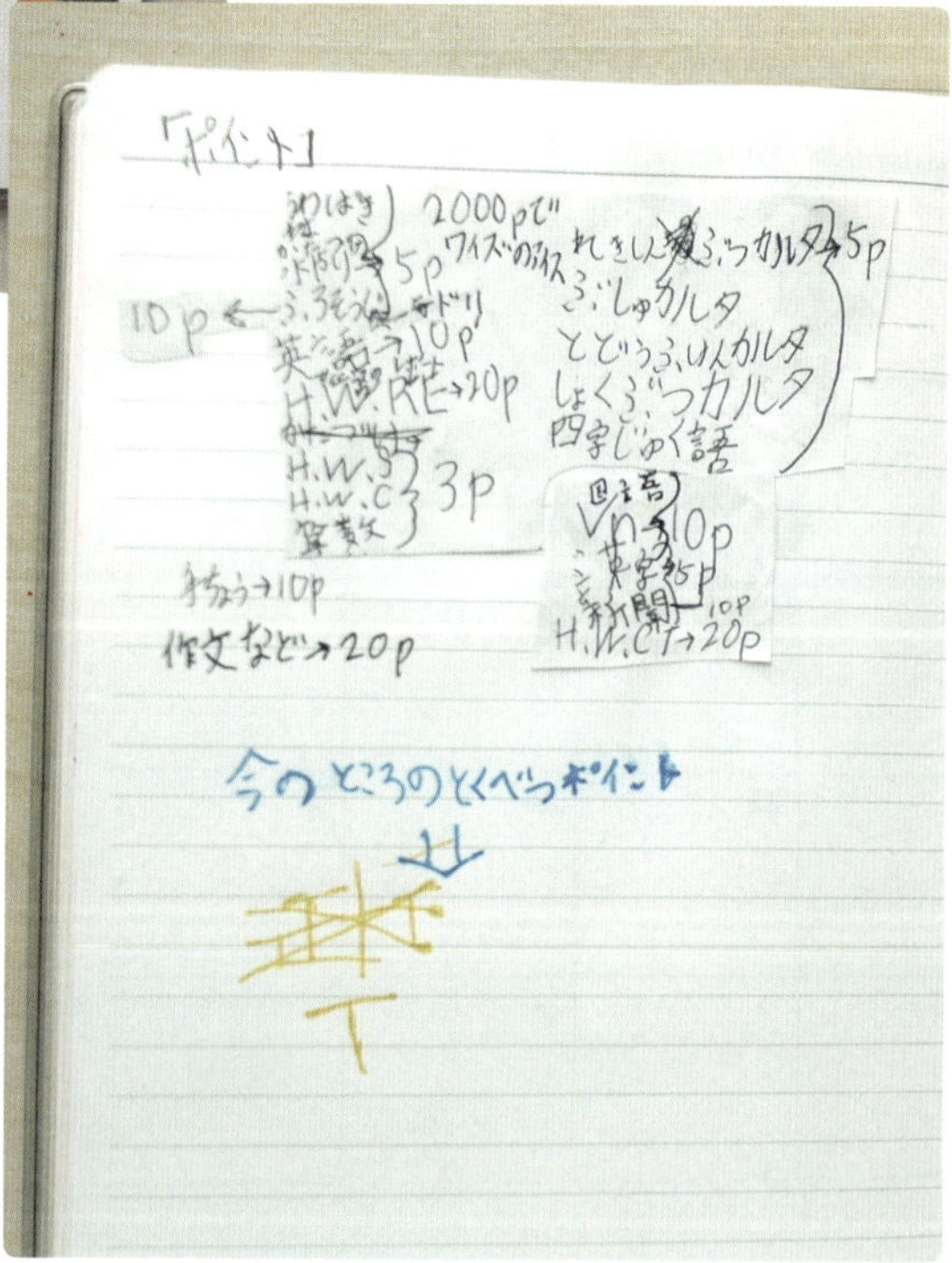

ポイント制は、カレンダー
のときのまま継続。
作文、お手伝いは20ポ
イントと高めの設定

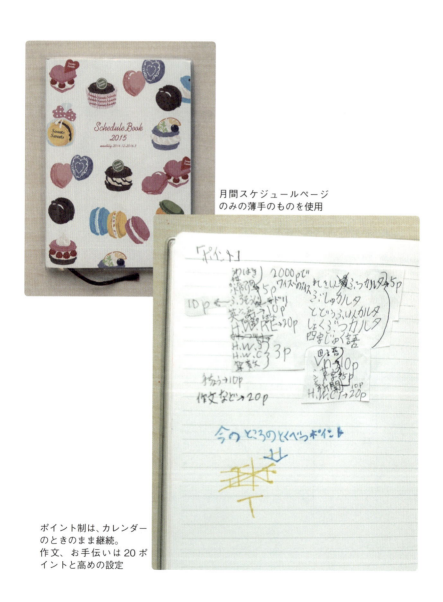

手帳に移行したあとも、ポイント制は続けました。

基本的に、３点や５点が多いのですが、私が重視していること（進んで手伝いをする、作文を書く、科学教室のレポートを書く、など）は高得点の20点にしました。これはカレンダーのときと同じです。

できたことは、娘が好きなピンクの蛍光ペンで消し込んでいます。また、貼ってはがせるシールなども多用しています。

ポイントは、５００点貯まるとおこづかい50円、２０００点貯まると娘の好きなアイスクリームを1個あげるということにしていますが、これもカレンダーのときと同じです。

子どもはどう変わりましたか?

はじめは、1週間ごとに日々やるべきことをカレンダーに書かせていたのですが、とにかく書くのに大変時間がかかりました。

そのため、２週目からは、**曜日によってやることを決めました。**そのとおりに記入して

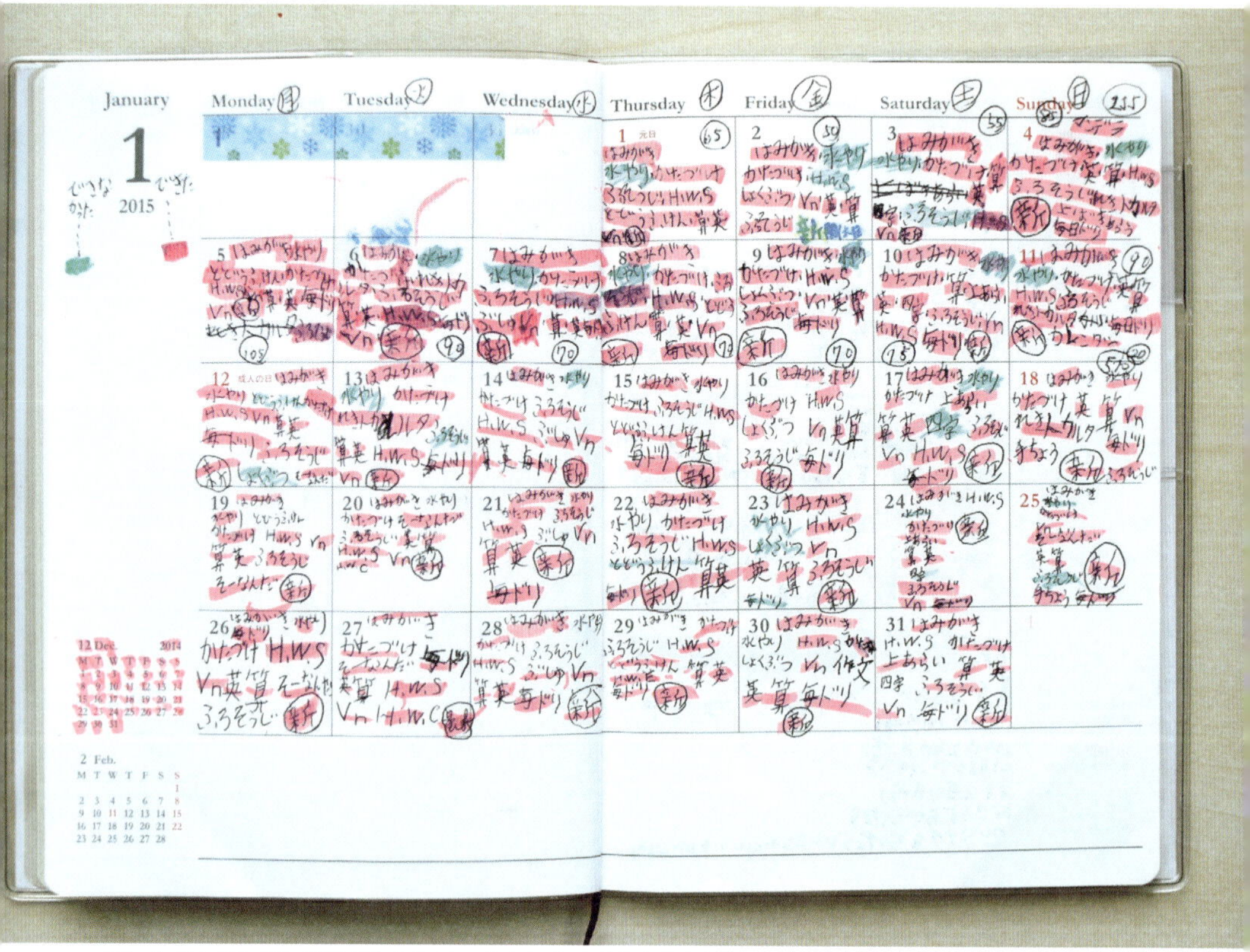

びっしりとTO DOが書き込まれていますね！　できたことはピンク、できなかったことは緑で色分け

いけばいいので、スムーズにいくようになりました。本人のやる気も上がったようで、1週目はやることをよく忘れていたのが、特に今まで母親の私に何度も言われないとできなかった片づけ、手洗い・うがいが積極的にできるようになりました。

今では、言われなくても手帳を見て動くようになっています。特に、ふろ掃除などのお手伝いを積極的にするようになったので、こちらも助かっています。

勉強も、以前は遊びながらやっていたのですが、集中してさっさと終わらせるようになりました。

ポイント制については、はじめはお金や物との交換は教育上どうかと思っていたのですが、どうやらやることを消していく作業が楽しいみたいで、いい習慣がついたと思います。

そして、手帳をつけはじめてからは、手帳を見て「今日やることは○○だから、○○を晩ごはんまでに終わらせてしまうね」とか、片づけも少し意識してできるようになりました。

また、自分で自分の予定を管理するという意識が芽ばえたのか、「この習いごとの日は○時に出発する」とか、「何を持っていく」とか自分で書いたものを手帳に挟んで、時計

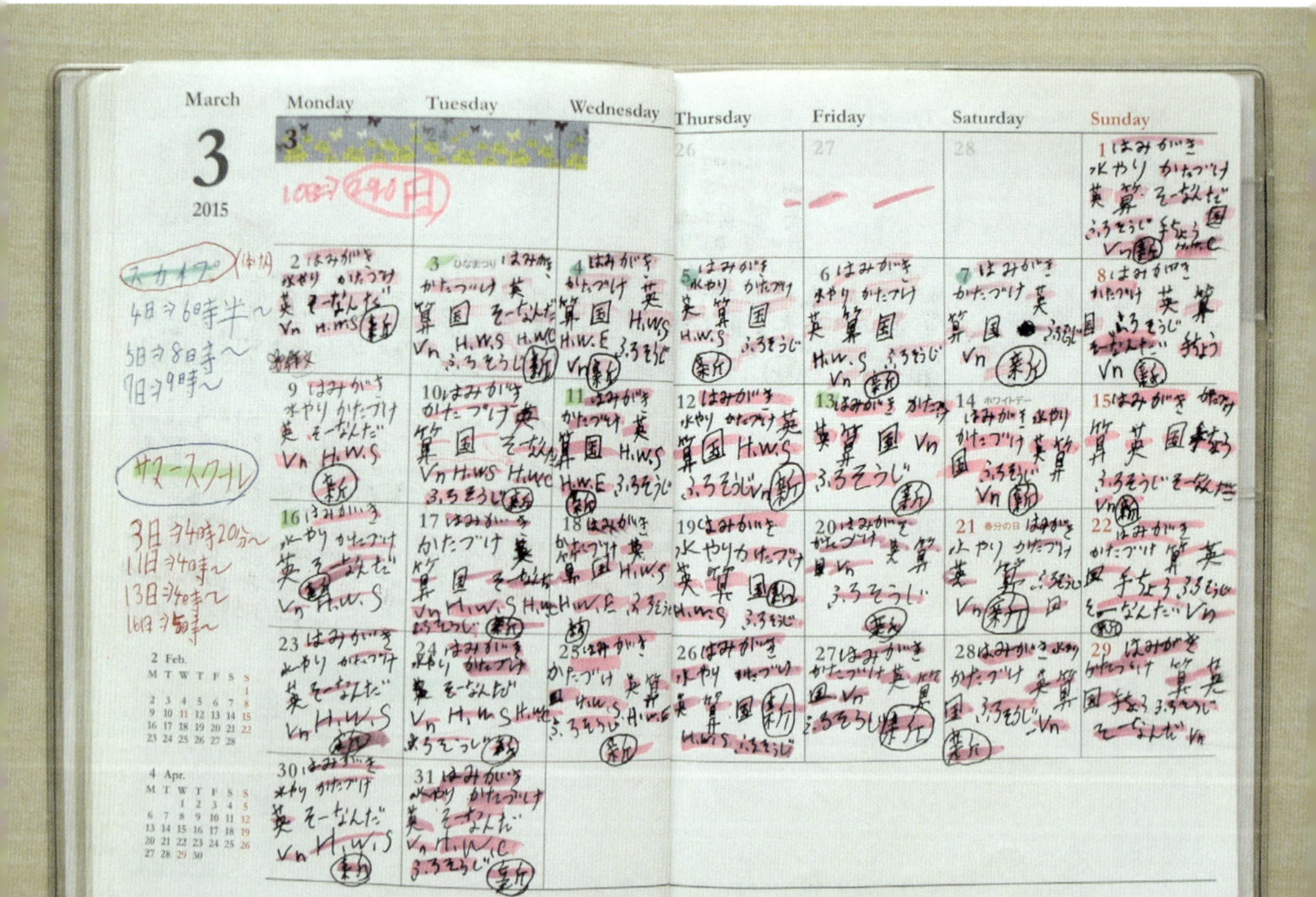

２か月後には、すべてピンク（できたこと）に!!

を見て動くようになりました。

2月はさらに、月間目標を立て、家族の目標も聞いて手帳に記入するなど、向上心も高まったように見えました。

自分で自分のことを、手帳を用いて管理することで、頭がすっきりし、よりモティベーションが上がるという素晴らしい効果が生まれたと思います。

私からのコメント

Dさんのケースでは、子どもは「楽しい」「言われなくても自分からやるようになった」と自主的に行動しています。この「子どもカレンダー」を導入する前と後では、明らかな変化、違いが出ていることがわかりますね。

60ページの写真にあるように、カレンダーには手書きで、欄外に目標も書かれています。見ていただくとわかりますが、子どもさんが自分で書いていますね。部屋に何気なくかかっているカレンダーを使うだけで、子どもさんのやる気はこれほどまでに変化するのです。

小2の娘さんからも感想を頂きましたが、「いろいろなことが楽しくなりました☆」とうれしいコメントをしてくれました。

一番はじめに重要なことは、「娘がお気に入りのカレンダー」という部分です。手帳でもカレンダーでも、「親のお気に入り」ではなく、「子どものお気に入り」を使うことです。

これを間違えると、親にやらされた感が出てしまいます。継続するためのポイントの1つは、「子どものお気に入り」なのです。

子どもの予定というものは、単調で同じことの繰り返しなので、記号化するのはなるほどと思いました。たしかに、ルーティンワークは記号化がいいですね。ラクできるところはラクしていいんです！

ポイントは、上手に設定していますね。ハードルが高いものは点数を高くするというのもいいことです。

お母さんのレポートにあったように、「お金や物との交換は教育上どうかと思いましたが」という気持ちもあることでしょう。

しかし、子どもさんはポイントのためというよりも、やることが楽しいということですから、それでいいのではないでしょうか（そしてそれは実際、杞憂に終わったようです）。

もし、どうしても抵抗があるときは、ポイントを慈善団体に寄付するとか、ポイントをグラフ化して、記録に挑戦させるというようにひと工夫を加えるといいでしょう。


また、Dさんは、カレンダーを使って成果が出たあとで、手帳に変えています。Dさんも手帳の方が、劇的な効果があったとお話ししています（66ページの写真をご覧いただければ、その差異は明白です）。手帳を楽しんで使っている様子が、写真からもよくわかりますよね。

それにしても、8歳の子が自主的に、自分の月間目標を決めたり、家族の目標まで立ててしまうとは驚きです。これほどまでにモティベーションをかき立てる「子ども手帳」。ぜひ、たくさんの子どもたちに使ってもらいたいです。

まとめ

「子どもカレンダー」「子ども手帳」導入による効果

・親に言われなくても積極的に行動するようになった
・「子どもカレンダー」「子ども手帳」をつけること自体を楽しんでいる
▼つまり、勉強を勉強と思わず、義務感がない
・集中力がついた
・勉強と遊びのメリハリが明確になった
・準備をするようになった
・目標を自分で決めるようになった

事例 05

もともと勉強をしっかりやる小2の男の子が、さらに積極的に!

Eさん ▼ 小2男子

Eさんのお子さんは、小2にして、すでに勉強に対する意識が高く、「言われなくてもしっかりやる子」だそうです。特に大きな課題があるわけではありませんが、「子ども手帳」を実際に使ってみると、驚くべき効果があったのです!

なぜ、「子ども手帳」を使いはじめたのですか?

はじめ「子ども手帳」の話を聞いたときに、「うちの子には不要では」と思いましたが、何か別の効果があるかもしれないと思って試してみることにしました。

どのように手帳を使っていますか？

手帳は、100均で買ったウィークリー型のものにしました。水玉模様の表紙で、本人が選んだものです。

筆算は、その週のポイントを計算した跡です（74、76ページの写真参照）。できたことは、ピンクの蛍光ペンでつぶしています。

ポイント制のルール・工夫は？

ルーティンワークとして、次のことを設定し、できたら各1ポイントとしました。

・毎日やることを、誰からも言われずにやる
・宿題（チャレンジタッチ、はなまる学習会の宿題、学校の宿題）
・カーテン開け閉めとテーブルふき

・明日の学校の用意
・ダンベルと素振り（バッティングとピッチング）

イレギュラーワークとしては、次のとおりです。

・お手伝い　3ポイント
・学校のテスト満点　1枚につき5ポイント
・検定や進級テスト合格など　難易度により、本人と交渉

貯まったポイントはおこづかいに反映する方法をとり、それぞれ1ポイントを3円に換算しました。

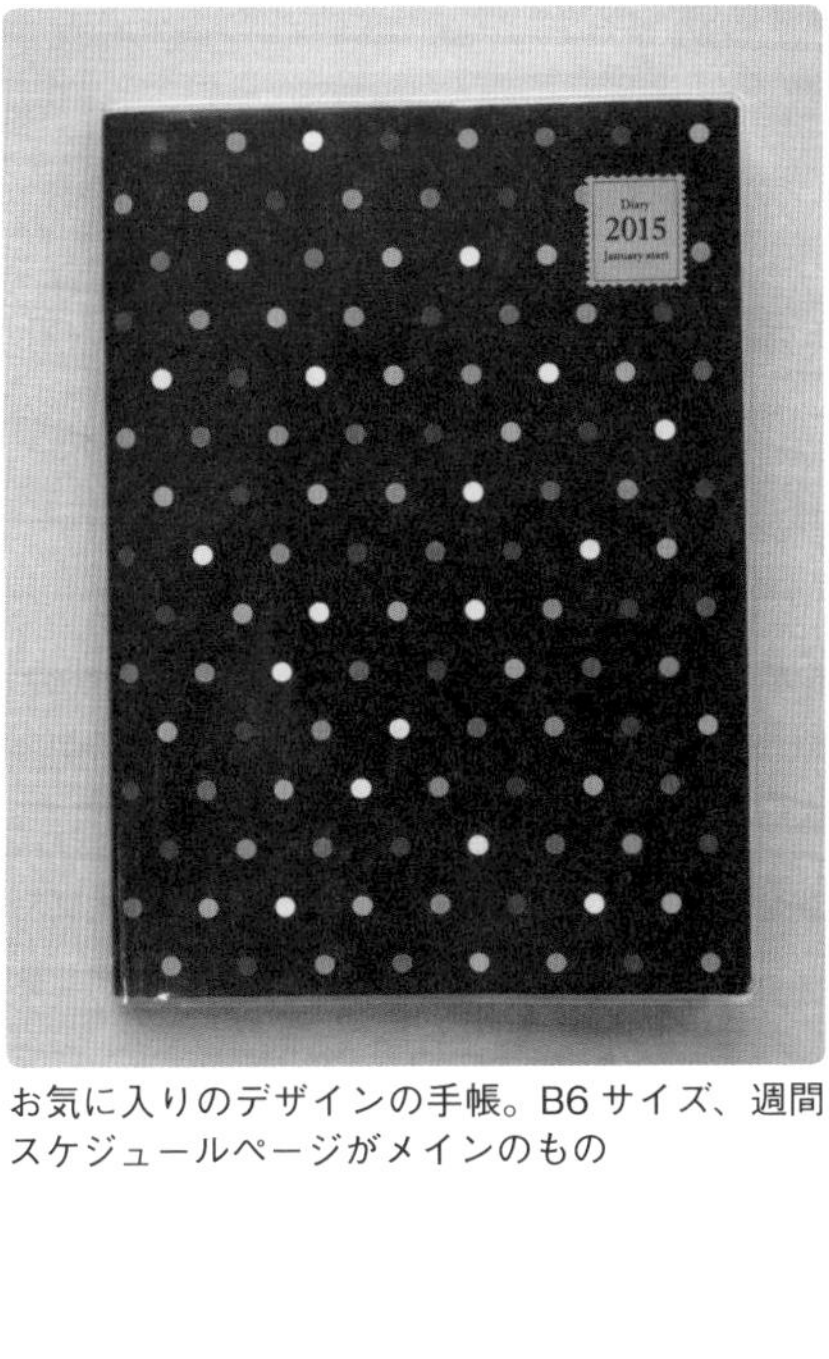

お気に入りのデザインの手帳。B6サイズ、週間スケジュールページがメインのもの

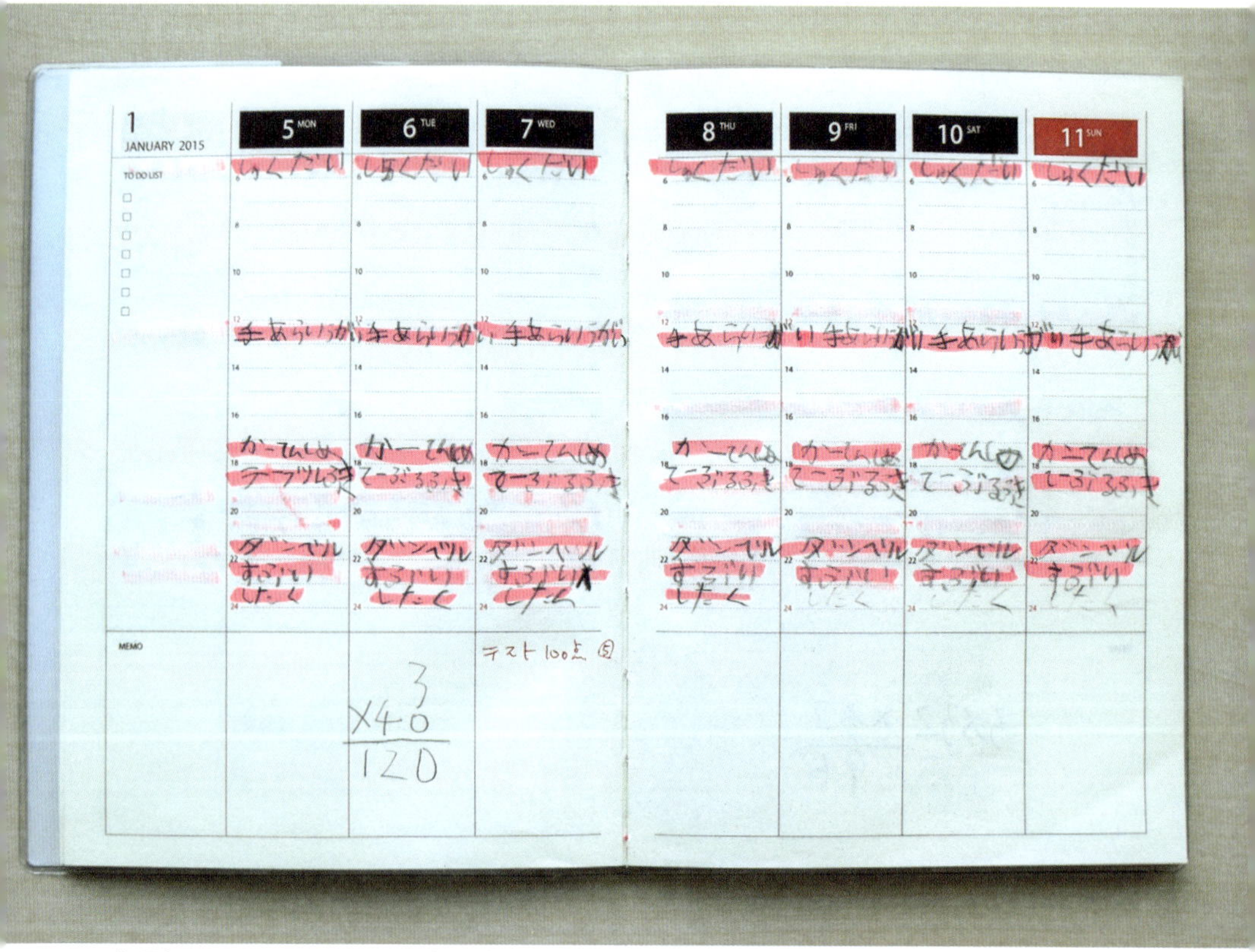

毎月行うルーティンもきちんと書けば、やり忘れがなくなります

子どもはどう変わりましたか？

もともとモティベーションが高く、「できないことができるようになりたい」とか「100点を取りたい」「難しいガンプラにチャレンジしたい」「ピッチャーになりたい、キャプテンになりたい」など、各場面で目標があり、それに向かってコツコツやるタイプの子です。

学習習慣に関しても、毎日やるべきことは何も言われなくてもやります（定めた目標をコロッと忘れることもありますが）。

ごはんを食べるのと同じ感覚で学習できているようなので、子ども手帳を活用する目的を、本人のモティベーションを上げるためではなく、「毎日続けているのはすごいこと」と、自分の行動を確認するためのものとしました。

ボーナスポイントは、テストが満点だっただけですでに大喜び・大満足の子どもなので、5ポイント加点は本人にとって「おまけ」感覚かもしれません（お手伝いポイントはまだ取得

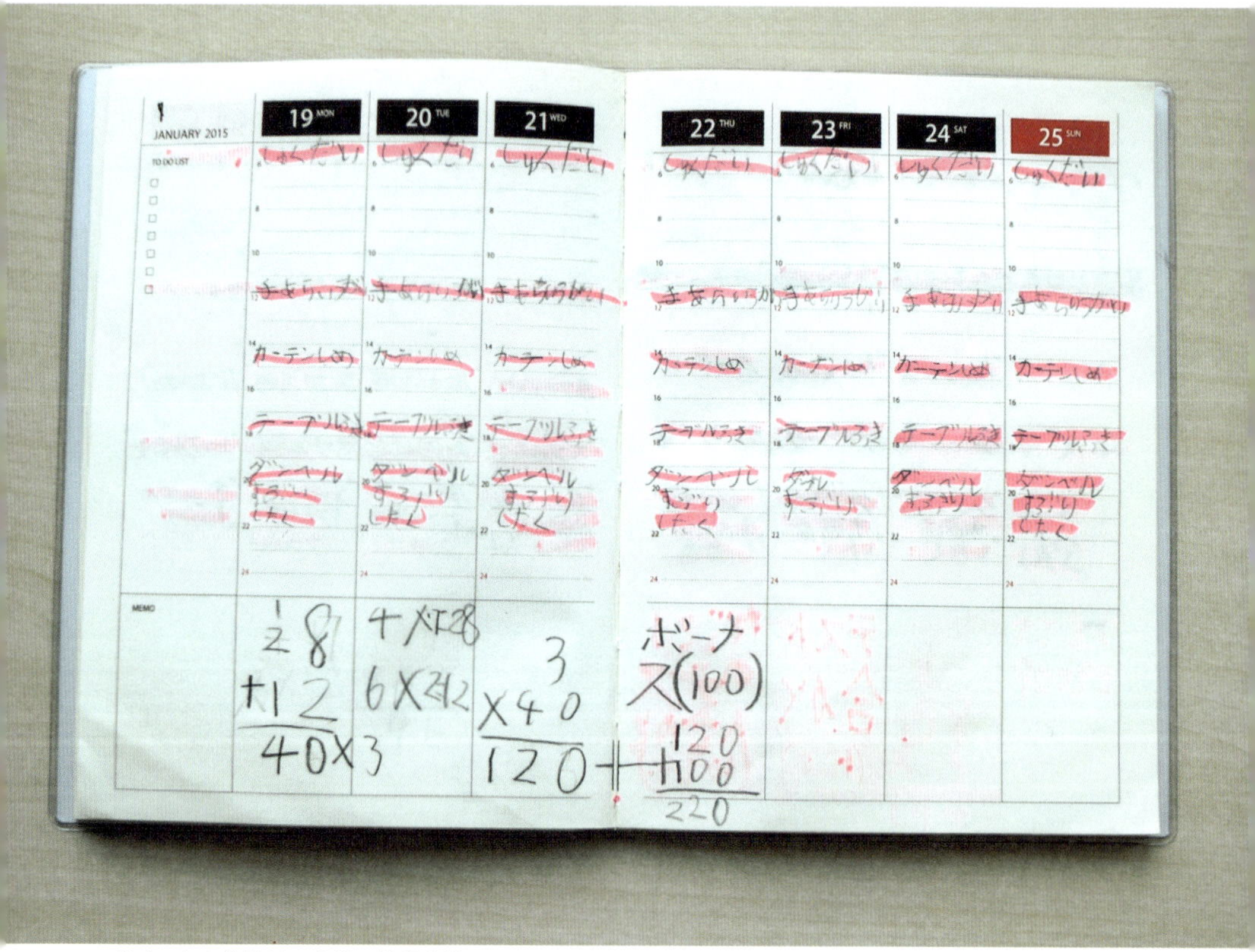

ポイントの集計は、自分で筆算を使ってできるようになりました

できていません）。

検定や進級テストなどの合格ポイントは、はじめはポイント数を決めていませんでした。

先日、スイミングの進級テストに合格し、いつもなら「ごほうびにプラモデル買って」と言い出すのが、**「子ども手帳」を始めてからは「ポイント加点にして」と言ってきて、驚きました。**淡々と手帳をつけていた割には、ポイント制が楽しかったようです。

具体的に合格時のポイント数を考えていなかったので、単刀直入に「何ポイント欲しい？」と尋ねてみると、

・学校のテスト満点は５点だから、それ以上
・２か月に１回しか進級テストがないため、合格のチャンスが少ない
・平泳ぎ25メートルはなかなか難しかった、次の級でバタフライに入る（難易度を強調）

という理由で、10ポイントが妥当だろうと主張してきたのです。

親としても、「あのへなちょこな状態から練習して受かったんだから、がんばったね」ということで、本人の要求どおり10ポイントにしました。


このように、本人が**「自分のがんばりを、相手にわかるように言葉で説明する」**という手段に出たのは、面白い成果だったと思います。

このスキルは、今後生きていくうえで、自己ＰＲやプレゼンなどの局面で必要になってくるでしょう。そのいい練習ができていると思います。

私からのコメント

Eさんは、ポイント制を上手に使われていますね。お子さんはある程度自立しているのですが、自らの努力がどの程度のものか、そしてどの程度の結果に見合うのか、ということもしっかりと理解しているようです。

そして子どもの自主性を大切にして、子どもに強制的にやらせるということをしていません。子どもの内なるモティベーションが湧き出るように、上手に工夫されていますね。

これまでの日本の教育は、「一方通行型授業による講義形式」と『考えさせる教育』ではなく、知識をいかにインプットするか、または既定の思考の枠にいかにしてはめるか」という2つの根本的方針によって運営されてきました。

しかし、今それは完全な間違いとは言わないまでも、大きく方向転換を余儀なくされてきています。「アクティブラーニング」がそれです。

アクティブラーニングとは、簡単に言うと、ディスカッションやディベートといった双方向の講義、演習を中心とした授業の方法です。すでに、大手予備校ではこの対策のためのコースが設定されています。

それに加えて、現在（2015年度）小6の小学生が大学受験を迎えるころには、現在のセンター試験ではなく、新しいシステムで受験することになります。

しかも、複数教科にまたがる「合教科・科目型」「総合型」の問題が出題され、集団討論も導入されることが示唆されているのです。

ということは、高校入試も変わります。中学入試も変わります。これからの教育が劇的に変化することは明白なのです。

しかも、「基礎学力＋自らの意見をしっかりと言える力（自主性、自立性）」が重視され、より教育の本質に近づいていくのです。

Eさんのお子さんは、現在でも基礎学力がしっかりとあるようです。そして、それにプラスして、自らの意見、考えをしっかりと伝えることができるようになっています。

このように、「子ども手帳」を使うことで、今まで受け身で勉強していたのが、自分ごととして勉強するようになり、さらに、自分の考えを持ち、そして相手と話し合うという行為が自然と出てくるようになるのです。

まとめ

「子ども手帳」導入による効果

・自己PR・プレゼンテーション能力、交渉能力が自然とついた。

・より高みに行こうとするモティベーションが強くなった。

事例06

ADHDの子どもが自分で計画を立てられるように。親子関係もよくなった

Fさん ▼ 小6女子

Fさんには、12歳になる女の子がいます。

彼女は、ADHD、いわゆる「注意欠陥・多動性障害」と診断されています。

Fさんのお話では、思考の整理整頓が苦手なのだそうです。

Fさんは、お子さんが高学年になってから、「子ども手帳」のノウハウを知り、使いはじめることにしました。

Fさんのお子さんは、どのように変わっていったのでしょうか。

なぜ、「子ども手帳」を使いはじめたのですか？

子どもがＡＤＨＤで、思考の整理ができず、いつも困っていました。

たとえば、今週は社会科のテスト、来週に漢字のテストがあったら、通常であれば、順

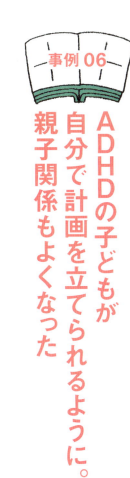

番どおりに社会科の勉強をして、次に漢字の勉強をすると思います。
しかし、彼女の場合は、漢字を見てしまうと、漢字ばかり勉強してしまいます。つまり、優先順位がつけられないという状況だったのです。

さらに日ごろは、声かけ（言葉）だけでは、学習、片づけ、手伝いなどに取り組むことができませんでした。何度も声かけをすると、「うるさい、今やる！」と叫んだりもしていました。そのようなか、「子ども手帳」のノウハウに出会ったのです。

どのように手帳を使っていますか？

スケジュールを立てる際に、まずは月間で予定を把握し、そのあとでやるべきことを週間予定に落とし込んでいくという考え方を実践させるため、月間スケジュール、週間スケジュールが載っている手帳を買いました。

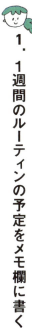

1. 1週間のルーティンの予定をメモ欄に書く

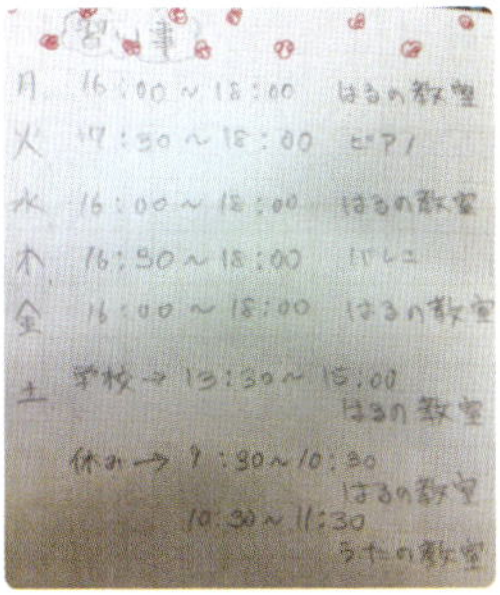

まず、1週間のうち決まった予定を身にしみ込ませるために、習いごとの時間を書き出させました。自分でメモするという作業を行い、それを視覚化させたことで、時間の間違いが減るという効果がありました。

2. 1日のルーティンの予定をメモ欄に書く

次に、学校・習いごとから帰ってきてからのタイムスケジュールを書き出します。

自分でタイムスケジュールをつくったことで、今までの時間の過ごし方がどうだったかを認識することができたようです。

本人と相談しながら、無理のない予定を立てるようにしたので、確実に実行でき、達成感を得ることができました。

うれしいことに、**親である私に言われなくても、自分から計画どおりに取り組もうという意識が出てきたようです。**その結果、生活習慣が安定しました。

3．1か月の学習予定をマンスリーのページに記入する

学習内容ごとにマークを決めて（右端にメモしておく）、学習内容がわかるように書き込みます。たとえば、漢検などの試験の予定を書き込んでおくと、**目標（試験）の日から逆算して学習計画を立てることができました。**

その際、過去の経験をもとに、毎日ではなく、確実にできそうな日だけに学習予定を入れるようにしました。

その結果、「予定どおりできる」ことで達成感が得られたようです。

4．ウィークリーのページに予定を書く

週間予定のページに、具体的な学習予定を書き込んでいきます（たとえば、ドリルは取り組むページ数なども）。学習以外の予定も書いていきます。

具体的な学習量をメモする際は、**確実にできる量を相談して決め、やり残しがないように工夫しました。**その結果、「これだけできた！」という達成感と継続意欲が高まったようです。

また、**書き込みの文字を色分けし、絵、シールも使うなど、開いたときに楽しめるように工夫することで、手帳の開き忘れがなくなりました。**

子どもはどう変わりましたか？

子どもは、自分で予定を立てて書き込んでいくようになりました。「子ども手帳」に出会ってから随分と変わり、目標の１つであった漢字検定にも無事に合格しました。

手帳を使いはじめたときは、高めの目標を立てる傾向があり、やりきれずに三日坊主になることも少なくありませんでした。それを改め、確実に終わらせられそうなことだけを書き込み、できたら消すことで達成感を得ている様子です。

また、手帳に絵やシールを貼ることで、手帳の開き忘れもなく、楽しみながら毎日計画を実行できるようになりました。その結果、自己肯定感を持つようになり、親子関係もよくなったと実感しています。

私からのコメント

Ｆさんのレポートには、「親子関係がよくなった」といううれしい言葉がありました。そして、最も重要なことの１つである、「自分で」やるという自主性も出てきたとのことです。

「子ども手帳」は、親から言われずに自分でできるようになる効果がありますが、まさに予想どおりの結果となっています。ＡＤＨＤのお子さんにもここまで劇的な変化があるとは、「子ども手帳」を構想したときには、思いもしませんでした。

Ｆさんのお子さんが実践しているように、手帳に「ＴＯ ＤＯ」を落とし込むことで、勉強の効率が格段に上がります。つまり、「ＴＯ ＤＯ」が、しっかりと体系化されていますね。

このお子さんは特に中学受験をする子ではありませんが、このような手帳をつけて「やるべきこと」をやるようにしていくと、お母さんから見た子どもの様子がこんなにも変わったということです。

まとめ

「子ども手帳」導入による効果

- 自分で予定を立てるようになった
- 楽しみながら計画が実行できるようになった
- 子どもが自己肯定感を持つようになり、親子関係がよくなった
- 時間の間違いが減った
- 生活習慣が安定した

*

ここまで、実際に「子ども手帳」を使われたお母さん方の事例をご紹介してきました。
実によいことずくめなので、「本当なの？」と思われたかもしれません。

はい、もちろん、一切やらせなし、本当です。
「子ども手帳」をつけるようになることで、それまでただ親に言われるままやっていた無機的な作業に意味が出てきて、すべてがよい方向へと回りだすのです！

第2章

「子ども手帳」をつくろう!

「子ども手帳」のつくり方・使い方
4つのステップ

第1章では、「子どもが勉強しない！」「やるべきことができない！」と悩んでいたお母さん方が、「子ども手帳」を活用することで、問題を解決された例を見ていただきました。

みなさんも、「うちも、『子ども手帳』をさっそく使ってみたい！」と思っていただけたでしょうか？

はい、そう思ってくださった方のために、この第2章では、「子ども手帳」のつくり方・使い方についてお話ししていくことにします。

「子ども手帳」のつくり方・使い方の全体のイメージはこういう感じです。

「子どものお気に入りの市販の手帳を買ってきて、日々やるべきことを記入し、終わったら赤ペンで消す。」

場合によっては、ポイント制を導入してもよい」

これを４つのステップに分けてみると、次のようになります。

ステップ１　お子さんと文房具屋さんへ行き、お気に入りの手帳を買ってくる
ステップ２　これから１週間分の予定を自分で書かせる
ステップ３　日々終わった事柄は赤で消す（やれなかったことは消さない）
ステップ４　毎週末、消し込んだ分だけポイント精算する

では、この順にやるべきことをお伝えしていきましょう（なお、ここではポイント制を入れた場合で説明していきます。ポイント制は必須ではありません）。

ステップ1 **お子さんと文房具屋さんへ行き、お気に入りの手帳を買ってくる**

ここでのポイントは、「子どものお気に入り」です。手帳は今後1年間使うもので、いつも身近に置いておくアイテムになります。

自分が気に入った手帳と、親が買ってきた特に気に入ったものでもない手帳を比べると、お気に入りの方を継続して使いたいと思うでしょう。

大人でも、会社や取引先からもらった手帳と、自ら文房具店で選んだ手帳とでは、継続の度合いが違いませんか？　それは、子どもでも同じことです。

ステップ2 **これから1週間分の予定を自分で書かせる**

毎日やるべきこと（たとえば、プリント学習や宿題などのルーティンワーク）を最低1週間分、自分で記入させます。

サイクルとしては、毎週日曜日に次週の予定を書くのがいいと思いますが、1か月分先までまとめて書いてもかまいません。少なくとも、次週分が書かれていればいいでしょう。

ここで、**自分で記入させることは非常に重要です**。手帳は自立を促すためのツールですから、親がいちいち書いてあげたのでは、いつまでたっても自立しません。

ただし、幼稚園児でまだ字が十分に書けないというときは、親が書いてあげてください。

「幼稚園児が手帳？」と思われるかもしれませんが、実際に幼稚園の年中さんが活用している例はあります。

この場合は、兄姉がいるケースのときが多いようです。兄姉がやっているのを見て、自分もやりたいと言い出したら、ぜひやらせてあげてください。

予定どおりにいかせるコツ

ポイントは、**日曜日はＯＦＦにして、できるだけ予定を入れないことです**。

そうすると、土曜日までにできなかった分を日曜日にリカバリーすることができるので、ゆとりを持つことができます。

また、家での勉強をたまにやるというようにすると、勉強しなくなります。このことは、私たちも経験しているのではないでしょうか。スポーツクラブも、たまに行くから続かないのです。

少しずつでも、毎日やるようにすることで、習慣化されていきます。

予定を記入するときのコツ

やるべきことを書くときには、記号化すると簡略化でき、短い時間で書き終えることができます。たとえば、「プリント」は「P」とか「プ」と記入するなどです。この記号化は、みなさんも自分の手帳に書き込むときに行っているのではないでしょうか。

特にルーティンワークは、同じ内容を毎日の欄に書くことになるので、長い言葉だと書くのが面倒になってしまいます。

ステップ3　日々終わった事柄は赤で消す（やれなかったことは消さない）

やるべきことが1つ終わったら、赤ペンで横棒を引いて消していきます。この消し込み作業は非常に重要です。黒ペンで横棒を引いたり、チェックリストのようにチェックするだけという方法もありますが、赤ペンで消す方が効果があるようです。

なぜ効果があるのか明確な理由はわかりませんが、これまでの私の調査で、最も継続的に行われ、子どものやる気が生じた度合いが大きかったのが、この「赤ペンでの消し込み」だったのです。

もちろん、お子さんが「黒で消したい」「蛍光ペンを使いたい」「シールを貼りたい」と強く主張してきたときは、お子さんの要望を優先してください。この手帳はお子さんのものですから、やりたいようにやるといいのです。

手帳の目的は、「子どもの自立性が出てきて、日々やることに前向きになり、それが習慣化されるようになる」ことです。

目的が達成できるようであれば、手段は何でもいいのです。私がここで推奨する方法は、あくまでもこれまでの調査から最も効果があるという方法の1つにすぎません。

TO DOが残ってしまったときのコツ

できなかった項目は消し込みをせず、その週内でやりきることにします。特に、土曜日や日曜日は学校がないので、比較的、時間があるはずです。やり残しは土日で片づけることにして、可能な限り翌週に持ち越さないように努力しましょう。

どうしてもできない場合は、できた分だけで評価するようにします。くれぐれも、**ポイントの減点はしないでください。**お子さんが、「次は全部やりきるぞ！」と意気込めるように仕向けるのが大切です。

また、**できなかったからといって、「だめ！」「中途半端すぎる」「こんなこともできないの？」という言葉は、絶対に口にしてはなりません。**

特に、学習習慣ができていない子は、もともと勉強をやりたくないのです。なのに、このような言葉を聞けば、よけい勉強などしたくなくなってしまいます。

それよりも、**できた部分を認めてあげて、「次もがんばろう！」でいいのです。**それだけで、徐々に自己肯定感が本人の中に出てきて、やる気につながっていきます。

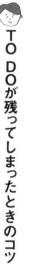

ステップ4　毎週末、消し込んだ分だけポイント精算する

日々やるべきこと（ルーティンワーク）は、**原則1つにつき1ポイント**として精算します（点数は各家庭で決めてかまいませんが、あまり大きい数字にするとインフレを起こしてしまうので注意してください）。

例：プリント練習（計算など）
　宿題
　漢字練習
　習いごとの宿題　など

特に、「漢字ドリル」と「計算ドリル」は作業時間があまりかからないので、毎日行う学習習慣づくりには適しています。

また、宿題はやらなければならない必須項目ですが、宿題をやらない子は実にたくさん

いるので、これも「子ども手帳」に書き込んでしまいましょう！

これらの項目は、どちらかというと単純な必須科目のようなものですから、各1ポイントで十分です。

ポイント精算のコツ

ポイント精算は、日曜日に親と一緒にやるといいでしょう。1週間分の消し込んだ項目（やった項目）をポイントとして精算し、これまでの分も合わせて合算していくのがコツです。

そうすると、ポイントが増えていきますから、子どもは自分がやった事柄がきちんと評価され、それがどんどん貯まっていくという感覚が出てきます。「努力が形になる」ということが体感できるわけです。

「ちりも積もれば山となる」というように、ポイントが貯まるのと同時に、学力もしっかりと積もっているということを教えてあげると、ルーティンワークにもやる気を出すでしょう。

そもそも、ポイント制は是か非か

ポイント制は有効です、と言うと、「ポイント制を入れると、『ポイントのための勉強』になるのではないか」「目の前にニンジンをぶら下げて走らせているようで、いい感じがしない」と懸念される方もいらっしゃるかもしれません。

そういう方は、結果（アウトプット。満点のテストなど）ではなく、**行動をしたこと（本を1冊読むなど）やプロセスに対してポイントをつける**とお考えになってはいかがでしょうか。

学校にもよりますが、一日も休まず学校へ行けば皆勤賞として評価するところもあります。幼稚園でも、登園するとシールがもらえてそれを連絡帳に貼っていくということも実際に行われています。

また、「テストの点数」という結果ではなく、「本を読む」「宿題をする」というインプットに対してごほうびを与えた方が、学力テストの結果がよくなったという興味深い実験結果も出ています（中室牧子『「学力」の経済学』、ディスカヴァー）。

それでも、ポイント制に抵抗があるようでしたら、無理にしなくてもかまいません。ただやるべきことを消し込んでいったという事実だけでもいいと思います。

それだけでも、十分達成感を味わうことはできますし、自分がやったことを可視化することで自己肯定感につなげることが可能です。

4ステップの説明は、以上です。ルールはたったこれだけなのです。

ここまでの文中でも触れましたが、ここで特に大事なポイントだけを再度まとめておきます。

⚠特に大事な3つのポイント

1　手帳は、子どもが気に入ったものを文房具屋さんで購入する。親が選んで買い与えるよりも、自分のお気に入りを持つ方が、やる気が出てきます。

2　ポイントは加算のみ。原則として減点はなし（「これをやらなかったら、ポイントを減らす」といった脅迫の材料にしてはいけない）。ただし、「やっていないのにやった」などとウソをついた場合は、過去1か月分のポイントを帳消しにする、などの罰則をあらかじめ決めておくことはOKです。

3　やりきれなかった部分があるからといって、「だめ！」「中途半端すぎる」「こんなこともできないの？」という否定的な言葉をかけるのは絶対にNG。

さらに効果を高める4つのオプション

次に、「子ども手帳」のオプションについてお話しします。

これまでお話しした4つのステップで基本構造は終わりですが、次のようなオプションを入れることで、モティベーションをさらに高める効果が期待できます。

- オプション1　ボーナスポイントを設定する
- オプション2　家族の約束ごとを決める
- オプション3　やるべき時間を設定する
- オプション4　ポイントを交換する

オプション1　ボーナスポイントを設定する

ポイント制を導入する場合は、日々のルーティンワーク以外に、ボーナスポイントを決めてもいいでしょう。

ボーナスポイントは、毎日継続して行うものではなく、特別な場合や1週間、1か月間単位で発生するものに対して設定します。

例：学校のテストで満点……10ポイント
検定試験（漢検、スイミングのテストなど）合格……15ポイント
家のお手伝い（洗濯物をたたむ、風呂掃除、食器洗い、部屋掃除など）……2ポイント
1週間、約束ごとを守った（↓105ページ）……3ポイント　など

テストの点数については、いろいろな設定の仕方があると思います。私個人としては、小、中学生ぐらいであれば、「満点以外はボーナスポイントにしない」方がいいと思っています。

80点以上、90点以上でも悪くありませんが、意識を満点において勉強するということが今後の成長意識を高めるためには非常に重要になると考えるからです。

また、家事手伝いをしてくれたお礼にお駄賃をあげるという家庭があります。結構多くの家庭でされているようです。

それも悪くはありませんが、ポイントにして貯めておくと、自分はどれぐらい家のお手伝いをしているかが、はっきりとわかるようになります。また、このオプションを入れると、子どもの方から「もっと家事手伝いをさせてほしい」と言ってくることもあります。

これは明らかに、ポイント欲しさに言っているのですが、それは最初だけです。そのうち習慣になってくると、ポイントはただの記録という意味しか持たなくなり、ポイントのために家事手伝いをするという意識は抜けていきますので、ご安心ください。

ただ、子どもに家庭での役割がすでにある場合は、途中からポイント制を導入せずに、現状のままにしておくということでもかまいません。

また、ポイント制に抵抗がある場合は、「家のお手伝い記録表」をつくって、自分はどれだけ貢献しているかを目に見えるようにするという方法もあります。

いずれにしても、この点については各ご家庭の考え方によって決めてみてください。

オプション２　家族の約束ごとを決める

毎週、ポイントを精算する際に（ポイント制を導入しない場合は、定期的に）、あらかじめ決めておいた「家族の約束ごと」を守っているかどうかをチェックするオプションです。

次のような道徳、倫理、秩序に関する数項目を決められているご家庭が多いようです。

例：ウソをつかない
約束を守る
マイナス発言をしない
元気にあいさつ
朝ごはんをしっかり食べる
後片づけをやる（整理整頓）
あきらめない
思いやりの心を持つ

早寝早起き

最近、標語のように使われている「早寝、早起き、朝ごはん」も約束ごととしてわかりやすく、しかも頭に入りやすいという長所があります。

ここに掲げた項目は、私が日ごろ生徒に語っている項目の一部です。これ以外にもぜひ、これだけは守ってもらいたいというものがあれば、ご家庭の方針に従って入れてみてください。

この「約束ごと」は、ただ書いて壁に貼っておいただけでは、会社の額縁に入った企業理念と同様、景色の一部以外の機能を持たなくなってしまいます。

なので、毎週のポイントを集計する日曜日に、「約束ごと」が守られたかどうかも話し合い、場合によってはポイントにしていくようにすると、少なくとも1週間に一度は約束ごとを意識する機会を持つことができます。

これを3か月もやっていると、あとは習慣化され潜在意識に落ちていきますので、人格形成にも役立っていくことでしょう。

18世紀に生きた、アメリカの偉人であるベンジャミン・フランクリンの有名な「フランクリンの13徳」(節制、決断、規律、誠実など)というものがあります。

彼は、この13の徳目をマスターするために、1週間ごとに1つの徳目に集中し、年間で4回転させていくことでマスターしたといわれています。つまり、1週間に1つの徳目に特化して意識化することで人格形成を行っていったのです。

彼は大人ですから、意志の力、信念の力でこれを行い得ましたが、子どもの場合は、なかなかそうはいきません。ですから、毎週末に約束ごとが守られたかどうかを親子でチェックすることで、よい習慣を身につけ、ついでに道徳的な話を聞かせるきっかけにもなるでしょう。

オプション3 やるべき時間を設定する

「子ども手帳」は、日々やるべきことを書いて、終わったら赤ペンで消し込むという単純な作業で完結するものです。

しかし、手帳に予定を書き込んでも、なかなかそれをやらないというケースもあります。テレビを見ていたり、漫画を読んでいたり、友達と遊んだりすることで、なかなか勉強モードに入らなくなることがあるのです。これまで「子ども手帳」を使用していただいた方でも、はじめは約1割の家庭がこのような状況だったそうです。

子どもが「今日中にやればいいんでしょ！」と軽く考えているために、遊びの方を優先させてしまい、結局、時間がなくなってできなくなることもあります。

そんなときは、「時間設定」をするとよいでしょう。一日のうちで、書いたことを「いつ」実行するのかを先に決めておくのです。たとえば、「5時〜6時に宿題をする」などです。

時間を決めなければ実行できないのは、何も子どもだけに限りません。私は、これまで社会人対象にタイムマネジメントの講演会や研修会をたくさん行ってきましたが、多くの社会人の方も同じ悩みを抱えています。

つまり、手帳に「TO DO LIST」を書いてあっても、一日のうちのいつ行うのかまで決めていないため、予定がこなせずに、ずるずると後回しになっているのです。

人間というものは、「いつやるのか」を決めなければ実行が難しい存在なのです。

「切り替え」の訓練にもなる

また、子ども手帳に「○時からプリント」「△時からは遊ぶ」というように時間を入れておくと、**その時間になったら気持ちを切り替える訓練にもなります。**いわゆる「メリハリ」というものです。

このような話をすると、「子どものうちから時間で縛るのはかわいそう。子どもは自由にさせてやった方がよい」と思われる方もいるかもしれません。

私は何も、「時間で縛る」とは考えていません。「夕方5時から1時間は勉強。6時からは遊んでいい」というように、あくまでもメリハリをつけるという意味において、時間を決める必要があるという話です。

ただし、ごくまれに、日ごろ遊んでいるばかりなのに、なぜか勉強はとてもよくできるという子どもがいます（私も何人かこういう子どもに出会っています）。

千人に一人ぐらいのレアケースですが、こういうタイプの子はいわゆる天才型です。非常に短い時間で集中して物事の本質をぱっととらえてしまうことができます。集中力も記憶力も群を抜いています。

このようなタイプの子は、運動も勉強も、音楽も絵画も、何でも器用にやってしまいます。そういう才能を持って生まれてきたのでしょう。

このような子は時間設定をしなくてもいいかもしれませんが、あくまでも例外中の例外です。

それはさておき、ズルズル、ダラダラした日常生活が普通になってくると、後で取り返しのつかないことが起きてしまうこともあります。

ですから、時間を決めないと行動できない場合は、あらかじめ時間を設定するということを教えてあげて、切り替えの練習をさせてください。それが、子どもの将来の財産になるのですから。

時間設定をするのに向く手帳は？

時間設定を行う場合は、「バーティカル（縦に時間軸が入っている見開き1週間タイプ）」の手帳が便利です。

記入例が次のページにありますので、ご参考になさってください。

日曜日に親子で振り返りとポイント精算を行う際に、次週の予定を記入する時間も組み込んでしまうのがコツです。この時間は、親子のコミュニケーションを確保するためにも重要です。

オプション４　ポイントを交換する

これまでポイント制について、何度かお話をしてきました。「貯まったポイントは、いったいどうすればいいのですか?」という質問もよく頂きます。

クレジットカードでも、ポイントが貯まると商品や金券などに交換しますよね。あるいは、慈善団体に寄付するということもあるでしょう。

「子ども手帳」でポイント制を導入した場合も、これと同様のことをします。たとえば、113ページのようなことに交換する方法が考えられます。

バーティカルタイプの手帳の例（小学生の場合）

	月 Monday	火 Tuesday	水 Wednesday	木 Thursday	金 Friday	土 Saturday	日 Sunday
7:00	漢字（10分）	漢字（10分）	漢字（10分）	漢字（10分）	漢字（10分）	漢字（10分）	
8:00							
9:00							
10:00							
11:00							
12:00							
13:00						水泳	
14:00							
15:00							
16:00							
17:00	学校宿題 ドリル	ドリル	学校宿題 ドリル	ドリル	学校宿題 ドリル		約束ごとの確認 ポイント精算
18:00							次週予定の書き込み
19:00		お手伝い		お手伝い			
20:00							
21:00							

今週の約束ごと

・時間を守る（早寝早起き）　・後片づけをしっかりやる
・忘れ物をしない

例：おこづかい

図書券

貯金（将来のための貯蓄）

慈善団体への寄付

※特に交換しない（家庭の方針により、「交換条件つきモティベーション」に抵抗がある場合は、交換をせずに、単純にポイントの蓄積としてもよい）

よくある交換パターンは「おこづかい」です。家庭によっては、毎月おこづかいをあげているところもあると思いますが、毎月定額ではなく、努力に応じておこづかいをあげるというようにルール化していくというものです。

図書券などの金券だと、用途が限定されるので安心、という家庭もあります。５００ポイントで５００円の図書券、というように交換していきます。

子どもの将来のために預金口座をつくり、そこに貯金していってあげるという方法もあります。

これらは、いずれも「お金」です。今までも、「日々の努力がお金につながっているということは、教育上よくない！」「お金目当てで勉強する子になってしまう」という懸念を感じ、心理的抵抗を感じる方もいらっしゃいました。

でも、「子ども手帳」を使って、おこづかいとして還元したお母さんは、みなさん「はじめはお金に交換なんて、どうなんだろうと思いました。でも、金銭教育として実はよかったです」とおっしゃっています。

努力した分の対価をおこづかいとしてもらい、そのお金をいかに大切に使うかという勉強の材料にすると考えれば、お金に換えるのは非常に有益なことではないでしょうか。

私など、何も努力をしなくても、毎月おこづかいをもらっている方が問題だと思いますが……。

お金以外の方法もある

お金以外に還元する方法として、私は「慈善団体への寄付」をおすすめしています。これにより、自分の日々の努力の成果が、恵まれない人への支援につながっていると考えることができます。

「自分が世界を平和にしていくのだ。ぼく（わたし）ががんばっていくことで、救われる人がたくさんいる。今の自分にできることは、日々勉強をして、立派な人格を身につけることだ」という気持ちが出てくれれば、これほど素晴らしいことはありません。

このように、日々の自分の行動と世界をつなげることができるのも、ポイント制のよい点でしょう。

寄付という文化は、欧米各国では当たり前のように行われていますが、日本ではまだ十分に浸透していません。大きな事故や災害が発生したときは、一時的に寄付が行われていますが、日々の活動の中でもボランティアや寄付が根づいているかというと、欧米に比べてまだまだです。

ボランティアや寄付という行為は、本来、「助けてあげている」というよりも、「助けさせていただいている」という気持ちの方が強いものです。そのため、人の心を豊かにし、またかかわる人すべてを幸せな気持ちにさせる素晴らしい行為なのです。

私は、子どもの人間形成の一環としても、このようなことを意識させるのは、非常に重要だと考えています。

モノとの交換はNG！

ポイントを賞品と交換するのはやめた方がいいでしょう。これをやって失敗した人は実はたくさんいらっしゃいます。

なぜ失敗することが多いのかというと、欲しい賞品を手に入れた段階で、モティベーションが終了するからです。

短期で行う場合は効果があるかもしれませんが、習慣形成を目的にしている「子ども手帳」では、途中で終わってしまっては意味がありません。そのため、ポイント交換に賞品を使うことはおすすめしていません。

また、**ポイント交換そのものに抵抗がある場合は、単純にポイントの合計の推移をグラフなどで「見える化」して、努力の結晶がわかるようにしてあげる**と張り合いが出てきます。

これは、ダイエットなどで使う「グラフの見える化」と同じ方法です。

スケジュール管理ができるだけではない！「子ども手帳」の3つのメリット

手帳といえば、通常はスケジュール管理をしたり、予定を忘れないように記入する備忘録のために使ったりするイメージがあると思います。

「子ども手帳」にも、それらの用途は確かにありますが、それらが目的ではありません。

では、「子ども手帳」の目的は何かについて、ここで明確にしておきましょう。

簡単にいえば、「子ども時代に身につけるべき正しい習慣の形成」です。子どものこれからの人生で役に立つ非常に重要な資質ということもできるでしょう。

それは何かというと、次の３つのものに分けられます。

メリット1　プラスの心がつくられる
メリット2　学力が向上する
メリット3　道徳、倫理、秩序が身につく

では、1つずつ見ていきましょう。

メリット1　プラスの心がつくられる
——宿題、勉強に前向きに取り組むようになる

私は、教育という仕事に従事して以来、四半世紀を超えました。その過程で、実に多くのことを学びました。その中でも特に重要な学びは、人間は心の状態によって随分と得もするし、損もするということです。

特に子どもは、勉強に対して否定的な考えを持っていて、自ら積極的に勉強に向かおうとはしません。アニメや漫画、ゲームに対しては夢中になるのに、なぜ勉強には夢中にならないのでしょうか？

1つの原因としては、勉強の本当の面白さがわかっていないということがあります。これは、周囲の大人の責任でもあります。ひどい場合は、大人自身が「勉強＝義務」であり、テストではいい点数を取るべきだというイメージを持っていることがあるからです。

そうすると、子どもはそのような大人に感化され、同じような考えを持つに至ります。

逆に言うと、勉強を楽しんでいる大人に教えてもらうと、子どもも勉強って面白いと思い、本来持っている好奇心が爆発的に出てくるということです。

どのような子どもでも、**生まれつき持っている知的好奇心を引っ張り出せば、私たち大人が想像もできないほどの能力を発揮してくる**のです。

勉強は面白いもの、楽しいものということを知るには、「勉強ができるようになってきた」という感触を持たせるのも1つの方法です。

そこへ至るためには、当たり前ですが、まず勉強しなければなりません。でも、心が否定的だと、勉強してもなかなか頭には入ってきません。そのため、途中でやめてしまったり、「自分はやってもダメな人間」というレッテルを貼ったりしてしまうこともあります。

そこまでいくと、よほどのプロ教師によって変えていくという方法以外、気持ちを引き上げることは難しくなっていきます。そうして、「勉強＝つらいもの、嫌なこと」として定着していくのです。

私がこの本で紹介する「子ども手帳」には、勉強に対するネガティブな考えを払拭する仕組みが入っています。同時に、その仕組みからやる気も生まれてきます。

ゲームを例に挙げてみましょう。一口にゲームといってもさまざまな種類のものがありますが、ゲームを進めていく過程で、点数が与えられるものが一般的だと思います。

つまり、最後までいかないと点数がもらえないという「結果に対しての点数」ではなく、1つクリアして点数、また1つクリアして点数というように、「過程（プロセス）に対しての点数」が与えられるものなのです。

私が「子ども手帳」に仕掛けた方法も、これと同様です。勉強では、テストでよい点数を取ったらごほうびという、結果に対しての報酬はよく見かけますが、そうではなくて、プロセスに対してごほうびを与えるのです。

ごほうびというと、何かエサで釣るようなことを想像するかもしれませんが、そうではありません。評価をするということです。

評価を受けるということは、達成感をつくり上げます。達成感があれば、継続したいという願望が生まれ、やるべきことを次々とこなしている自分を誇らしく感じ（自己肯定感）、自信をつけていきます。

この自信が積極性を生み出し、プラスの心をつくるのです。

逆に、途中で挫折してしまったら、ネガティブな心を助長してしまうのではないかと心配する方もいるかもしれません。

しかし、「子ども手帳」は記入したことすべてをやれなくても、できたことだけでも評価を受けられるものです。なので、先のような心配が現実になったという報告は、今までお使いいただいた方からお聞きしたことはありません。

それよりも、「もっと評価されたい」という願望の方が強くなるので、やりきれなかったことまでやりたくなるという心の前向きさをつくり出すことの方が多いのです。

メリット2 学力が向上する
——習慣化の結果、「継続は力なり」で学力も伸びる

私の経験上、学力を向上させる方法には大きく3つあります。1つめは「心を高めること」、2つめは「生活習慣を正すこと」、最後は「考える学習を行うこと」です。

私は、この3つを「しつけの法則」と呼んでいます。つまり、「心をしつけ、身をしつけ、頭をしつける」ということです。

この「しつける」とは、「習慣化させる」という意味で使っています。習慣化されると、人は努力しているという意識をしなくても、物事を成し遂げていけるようになります。

他人には大変そうに見えるのに、当の本人はそれほどでもないということはよくありませんか？　習慣化した状態、つまり私のいう「しつけられた状態」になると、人は何事もへっちゃらにできてしまうようになるのです。

勉強も同様で、習慣化されてしまえば、特段の努力を必要とはしません。

重要なのは、「大変だけれど、もっとチャレンジしてやろうという気概を持って取り組む人と、大変だからやりたくないという気持ちを持って取り組む人との違いが、その後の人生に大きな差を生み出す」ということです。

こう言うと、いかに習慣化させるのが大切かということがおわかりいただけるのではないでしょうか。

第1章で事例を見ていただいたように、「子ども手帳」を使用すると、なぜか勉強を「したくなり」、勉強すると当然、学力がつくようになり、テストで結果が出るようになり、さらにモティベーションが上がっていくという好循環ができ上がります。

それも、市販の手帳を使って、誰でも簡単にできます。ただそこに、人間が前向きに行動するためのちょっとした仕掛けを入れただけなのです。

メリット3 道徳、倫理、秩序が身につく
——家庭のルールを決めることで、正しい人格を持った人間になる

「『子ども手帳』で、道徳、倫理、秩序が身につく」と聞いて、「?」と思われた方もいるかもしれません。

私は、手帳にはスケジュール備忘録という機能があるだけではなく、手帳を使えば人間形成もできると思ってこれまで使ってきました。

「子ども手帳」は学習習慣をつけることで、子どもが自分に自信を持ち、勇気を持って一歩踏み出せるようにすることが一番の目的です。たしかに、道徳、倫理観の醸成は、副次的に得られる効果かもしれません。

しかし、昨今の子どもを取り巻く世相から感じることとして、「(昔からありましたが)いじめ問題」「常軌を逸した言動」「生活習慣の乱れ」「(人間の習性でもありますが)易きに流れる言動」が顕著になっているように思われます。

学校教育に「道徳」を正課として導入するということも、この問題への対応策の1つか

もしれません。

そうはいうものの、やはり、道徳、倫理、秩序は家庭で育むべきことではないでしょうか。

何か大きな問題が生じれば、親は子どもに話をすると思いますが、何もないときは道徳について特に話などしないかもしれません。そうしているうちに、子どもは親が知らないところで、さまざまな影響を受けながら、いつしか道徳観、倫理観を自然に身につけていくのです。

それが正しい言動のときはいいですが、悪い言動のときはどうすればよいでしょうか。

そこで、「子ども手帳」の登場です。日ごろから最低限守るべき約束ごとを明文化して、手帳によるチェックという方法で習慣化させていけば、どのような事態にあっても、子どもは日常、習慣化された思考パターンで行動することができます。

しかも、105ページでお話ししたように、**3つか5つぐらいまでの約束ごとをつくっ**

て、それが1週間守られたかどうかを「子ども手帳」を使ってチェックするだけです。

ただのチェックだけでは弱いようでしたら、ポイント制を入れて達成感を持たせる方法にしてもよいでしょう。

このように、道徳、倫理、秩序といった一見、手帳とは無縁とも思える領域に対しても、「子ども手帳」は効果を発揮します。

ご家庭の方針に沿うようでしたら、活用できる部分はぜひとも導入していただき、お子さんの幸福な人生を歩む一歩としていただければと思います。

「モティベーション（動機づけ）」を高める方法とは？

前節で「モティベーション」という言葉が出てきましたので、この点についてもう少しくわしくお話ししておきましょう。

人間を動機づけるには2つの方法があるとされています。1つは「外発的動機づけ」で、もう1つは「内発的動機づけ」です。

「内発的動機づけ」とは、自分の内面から「やる気」が出てくることで、本人の好奇心を原動力に、行動へと積極的に駆り立てることです。もう一方の「外発的動機づけ」は、行動を起こさせるために他者、または制度として外からやる気を与えてやることです。

たとえば、仕事が面白いからやる気が出るのが「内発的動機づけ」であり、給料が上がるからがんばるのが「外発的動機づけ」です。

当然のことながら、教育学的には「内発的動機づけ」がよいとされていますし、私もそれは重要だと思っています。

しかし教育の世界では、一般的に次の3つの方法で動機を高めようとするため、果たしてこれで、「内発的動機づけ」が十分出てくるのかと疑問に感じてしまいます。

① 説教する（わからせようと説得する）

② 詰め込み勉強をさせて、できるようになったという実感が出たときに、多少のやる気の光が出てくることを期待する

③ よい指導者に出会い、勉強の面白さ、学問の楽しさを知る

①は、失敗すると逆効果になります（たいていの場合、失敗するのですが……）。説教する目的は勉強をさせることであり、勉強の楽しさを教えることではないからです。

そもそも、説き教えるという「説教」がしっかりできる人が身近にいれば、その人の人格的影響力によって、子どもは内発的に動機が高まり、自然のうちに行動できるようになっているはずでしょう。

②は、その実感が出てくるまで子どもの精神力がもつのかという問題があります。忍耐強い子どもはがんばることができますが、下手をすると精神的に悪影響を及ぼす可能性もはらんでいるため、諸刃の剣だといえます（それでも、この方法を使って内発的動機づけを高めようとしている場合が少なくないのが現状です）。

③は、読んで字のごとく、「偶然」によります。たまたまよい指導者に恵まれればラッキーですが、そうでなければどうするか。

高い費用を払って、そのような人の下につくことができればいいですが、経済的問題によってそれができなければ？　……答えが見つかりません。

このように見てみると、実は教育学的によいとされる「内発的動機づけ」はそう簡単ではないことがわかります。

では、どうすれば、内在する力を表に引き出せるのか？

実は、この「内発的動機づけ」を引き出すために、私は「子ども手帳」の仕組みに「外発的動機づけ」を利用したのです。

すでに述べましたが、ここでいう「外発的動機づけ」が「ポイント制」です。しかも、結果を出したらではなく、1つの作業（タスク）を終えたらポイントとしました。

この外発的な動機づけによって、「内発的動機づけ」を引き出すことが可能になるのです。

たとえると、「外発的動機づけ」は、習慣化されるまでの〝着火剤〟のような役割であり、その後に「内発的動機づけ」が作動するという構造です。

いきなり「内発的動機づけ」をするのは簡単ではありませんが、「外発的動機づけ」から「内発的動機づけ」につなげることはできるのです。

第2章のまとめ

●「子ども手帳」のつくり方・使い方　４つのステップ

ステップ１　お子さんと文房具屋さんへ行き、お気に入りの手帳を買ってくる

ステップ２　これから１週間分の予定を自分で書かせる

ステップ３　日々終わった事柄は赤で消す（やれなかったことは消さない）

ステップ４　毎週末、消し込んだ分だけポイント精算する

●さらに効果を高める４つのオプション

オプション１　ボーナスポイントを設定する

オプション２　家族の約束ごとを決める

オプション３　やるべき時間を設定する

オプション４　ポイントを交換する

●スケジュール管理ができるようになるだけではない！
「子ども手帳」を使うと、こんなにいいことがある

1　プラスの心がつくられる

2　学力が向上する

3　道徳、倫理、秩序が身につく

第3章

「子ども手帳」こういうときはどうする?

「子ども手帳」は、とてもシンプルな構造のものですが、お子さんの特性やご家庭の事情に合わせてカスタマイズしてお使いいただくと、さらに効果を発揮します。

とはいえ、使っているうちに、いろいろと疑問点が出てくることもあるでしょう。

そこで、この章では、よくあるご質問をまとめてみました。よりよくお使いいただくために、ご参照いただければと思います。

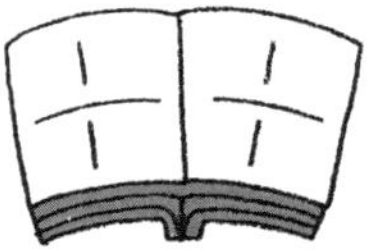

手帳の使い方に関する質問

「システム手帳が欲しい！」と言って聞かない

Q

子どもと一緒に手帳を買いに行ったら、「どうしてもシステム手帳がいい」と言って聞きません。おまけに、リフィルをいろいろ選びたいとも言っています。「子どもは大人が使っているものが好き」ということはよくわかるのですが……。

使い勝手を考えると、それはやめた方がいいのでしょうか。あるいは、ある程度、子どもの気持ちも尊重した方がいいのでしょうか？

A

基本的に、子どもの気持ちを尊重してください。システム手帳がいいというのであれば、それを使えばいいでしょう。

ただし、システム手帳は高いので、たとえば、通常の手帳で1000ポイント貯まったら、システム手帳に移行するという方法もあります。いずれにせよ、子どもの心の状態を上向きにすることを優先してあげてください。

シールを使ってもいい？

Q

うちの子はシールが大好きです。赤ペンで消すかわりに、「終わった」ことがわかるシールを貼りたいと言っています。

多少はエンタテイメント性があった方がいいのでしょうが、手帳に書くことは遊びではありません。どのあたりまで遊びの要素を取り入れてもいいのでしょうか？

A

当然、シールでも可能です。ただし、それが継続できればですが。

シールは使えばなくなります。なくなれば、また購入しなくてはなりません。購入することが手間にならないならいいと思います。

「子ども手帳」は、子どもにとってエンタテイメントです。これは、他者によって強制された義務的な縛りではありません。**終わったことを消す楽しみ、シールを貼っていく楽しみがベースにあります。**

作業はエンタテイメントですが、消している内容（つまり勉強など）はエンタテイメントではありません。勉強というある意味、淡白な作業を、「子ども手帳」というエンタテイメント性のある〝モノ〟にすり替えることで、勉強への動機づけを行っているのです。

モティベーションを上げるためにグラフ化したい

Q

子どもが「貯まったポイントが一目でわかるようにしたい」と言います。それをグラフ化したいのですが、子どものモティベーションを考えると、週別、月別など、どれがいいのでしょうか？

A

とてもいいことです。グラフにすることも、子どもの勉強へのモティベーションを上げます。

ただし、グラフにする作業も勉強の一環と考えて、**子どもが自分でできる年齢であれば、自分でやらせてあげてください。**まだ小さいうちは、親が手伝ってもOKです。

週別か月別のどちらがいいかは、各個人の判断もあると思いますが、私が今までやってきた例でいえば、週別がいいでしょう。**月別だと間があきすぎるため、グラフにすることが面倒になったり、忘れたりするからです。**

たとえば、毎週、ポイントを集計するときにグラフ化もする、というようにすればいいと思います。

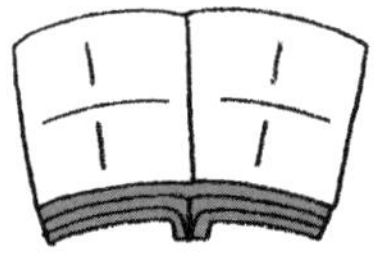

手帳への書き込みに関する質問

やり残しが発生したときは？

Q

予定のやり残しがたまってきたので、何か面白い工夫をして子どもに一気にやらせるようにしたいのですが、いい方法はありますか？

A

基本的には、1週間のうちにけじめをつけることです。ですから、日曜日には勉強の予定を入れずに、**土曜までにできなかったことを日曜日にやるようにします。**

日曜日でも消化しきれない場合は、いったん、その週でリセットし、翌週の月曜日から

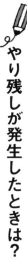

やるべきことのリストを見直していきます。小学生までの場合は、やるべきことがたまりすぎると、モティベーションがなくなる可能性があるためです。

ただ、小学生の場合は、中学受験をする場合を除いてそれほど勉強量は多くないので、日曜日の午前中程度でやり残しを消化できることが多いと思います。

手帳への書き込みを増やしたい!

Q

子どもが「子ども手帳」に慣れてきて、一日のルーティンが少ないと言いはじめました。いたずらに増やせばよいというものでもないと思いますが、いかがでしょうか?

A

「子ども手帳」は、ルーティンワークを習慣化させるためにありますので、やるべきことを増やせばいいというものではありません。

しかし、親の意志ではなく、**子どもの意志でなら、増やすことは可能です**。もし、やりきれないようであれば、また減らせばいいのです。

「毎日消し込む」が習慣になっていない

Q

「子ども手帳」は、その日のうちに終わったことを消した方がいいのだと思いますが、いつまでたってもまとめて消しているようです。どうしたら、毎日消すことを習慣にできるでしょうか?

A

毎日消すことには、一日ごとにけじめをつけるという意味と、やったことを忘れないようにするという意味があります。だから、毎日消すのが望ましいのです。

そのための習慣化は、次のようにします。たとえば、すでに習慣化されていること(歯磨きなど)が終わるのと同時に、消し込み作業をするようにしてしまうのです。

はじめは、親が言ってあげなければなりませんが、すぐに習慣化できます。もうすでに習慣化できていることとセットにするのが、最もよい方法なのです。

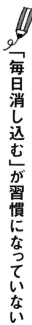

いつも同じ項目に手がついていない

Q

手帳も書き続けているし、毎日消し込むことも忘れていないのですが、できなかった項目が毎回同じなのが気になります。
やるべきことに挙げているので、いつかはやるのかもしれませんが、そろそろ「どうしてやらないの？」と聞いてしまいそうです。どうしたらいいでしょうか？

A

なぜその項目だけができないのかを、一緒に考える必要があります。これも、子どもに原因分析の考え方を教えるよい教育の機会です。「やりたくないから」「いつも後回しにしてしまうから」など、分析が必要です。

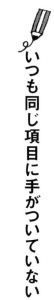

食事も同じで、いつも嫌いなものを最後まで残して、いつまでも食べ終わらない子がいます。そのような場合は、「嫌いなものからまずはやる」という仕組みにしてしまうのです。

好きなものを後回しにすると、最後は時間がなくてもモティベーションが勝手にわき起こり、やり遂げやすくなります。

消し込みが少ない状態が続いている

Q

やるべきことは書いているのですが、消し込みが少なくて困っています。

こういうときは、「もっと消せるようにがんばりなさい」と言うべきなのでしょうか？

それとも、「消せる項目だけ書こうね」と言うべきなのでしょうか？　あるいは、何も言わずに見守るべきなのでしょうか？

A

この方も、なぜ消し込みが少ないのか、原因を分析する必要があるでしょう。好き嫌いの問題であれば、仕組みを変えることで解決できることが少なくありません。

それ以外に、（子どもレベルでは）やることが多すぎる場合は、できる項目に絞る必要があります。とにかく、**「達成↓もっとやりたい」という流れをつくることが大切です。**

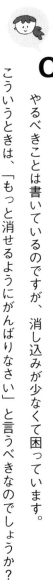

心の状態を上向きにすること、そして習慣化させることがこの手帳の主眼です。そのためには、「もっと消せるようにがんばりなさい」ではなく、「消せる項目だけ書こうね」でもありません。

子どもに「なぜこれらは消せないのかな？」と問い、考えさせて、まずは、自分でどうしたらよいのかという対策を考えさせるのがよいでしょう。そのうえで「じゃあ、これとこれをやってみようか」「やる順番を変えるとできるかもしれないよ」という感じで話をしてみてください。

ポイントに関する質問

「ポイント貯金を崩したい」と言ってきた！

Q

ポイントの交換についてですが、「モノはダメ」となると、おこづかいか将来のためのポイント貯金ですよね。おこづかいなら少額で適当に渡せるのですが、子どもがこれまでに貯めた「ポイント貯金を崩したい」と言いはじめました。

親としては、大きな額のお金は持たせたくありません。何かうまい対処法はないですか？

A

貯金を崩して使いたいというのは、いたって通常の感覚でしょう。重要なのは、ここで「お金の使い方」を教えることです。

私たちも、子どもの頃はそうだったと思いますが、子どもは現在の欲望を満たそうと行動します。お金でモノが買えるとなると、即座に行動します。したがって、欲望の赴くままの状態にしておくと、将来大変なことになってしまいます。

したがって、ポイントを換金して何を買うかをまず確認してください。基本的には、質素倹約を旨とすることが、その子どもにとって将来の糧になります。偉人だって子どもの頃に苦労していたり、質素な生活をしていたことはよく知られています。

また、ポイント貯金が一定の額までいけば、銀行の預金に替えてあげる方法もあります。そして通帳を子どもに見せて、これだけお金が貯まっているということを教え、将来に向けて今貯蓄しておくと、大きな買い物が必要になったときにそのお金を使えるということを教育するのはどうでしょうか。

ポイントの点数を途中から上げてもいい?

Q

最近、「子ども手帳」に少し飽きてきたようで、記入をサボるようになってきています。ポイントの点数を上げた方がいいのか、ポイントとは別に「特別賞」のような形で賞品を与えるべきなのか迷っています。

でも、これはやってはいけないことですよね?

A

この質問は、おそらく誰もが考え、また心配することだと思います。対策を考える前に、まず原因を考える必要があるでしょう。

「なぜ飽きているのか」「なぜサボるようになっているのか」。これは手帳に限らず、どのようなことにでも言えることですが、**対策よりもまずは原因分析です。**

まず、「なぜサボるか」という点については、習慣化されていないためにそうなったということです。ですから、子どもがサボり気味であれば、消し込み作業をやったかどうかを子どもに聞きながら、習慣化できるようにしていきます（歯を磨いたかを聞くのと同じ要領です）。

次に、「なぜ飽きているか」です。これは、やっていることが結果に結びついている感覚がないということが考えられます。つまり、勉強すると結果（テストの点数や検定試験合格など）につながるということがわかっていないのです。

ここでまた、家庭教育の出番です。「原因と結果の法則」を教えてあげるのです。日々の単純作業である勉強が、このように結果につながっているということを教え、そのプロセスをほめるということを繰り返します。

そうすると、子どもは日々の地道な努力が、大きな結果につながるということが理解でき、飽きるという感覚が、それを重視する感覚へと変わっていくのです。

忙しくて、ポイント集計を見てやれない……

Q

ポイント計算は週末にやると決めているのですが、忙しくて、子どもと向き合って計算する時間がなかなか取れません。

2週間に1回とか、1か月に1回でもいいのでしょうか？　それとも、やはり1週間に1回がいいのでしょうか？

A

基本は、1週間に1回です。よくできたことをほめるぐらいは、1週間に1回あってもよいのではないでしょうか。

事情により2週間に1回でもかまいませんが、そうすると間があきすぎて、集計するのを忘れてしまう可能性があります（そのような場合は、親の手帳や家族が見るカレンダーに書いておくと忘れません）。

そうはいっても、ポイント計算は、せいぜい1、2分ぐらいあればできることなので、**いくら忙しくても、それぐらいの時間は取ってあげてください。**

可能な限り、1週間に一度はコミュニケーションの時間を取って、子どもと対話し、1週間のがんばりをほめてあげられれば、それはやがて子どもの成長へとつながります。

ポイントに不満があるらしい

Q

ボーナスポイントとして、「テストで80点以上取ったら10点」と決めていたのですが、100点満点を取ってきた子どもに「10点ね」と言ったら不満そうな顔をされました。満点なんて珍しいことなので、こういうときは特別にポイント加算してもいいものでしょうか?

A

「こんなにがんばったのに!」という気持ちになるのも無理はないでしょう。そこで心に留めておくといいことは、**「満点は特別」**ということです。

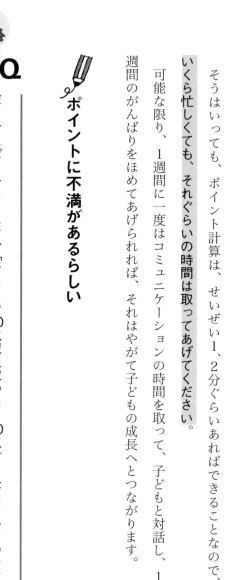

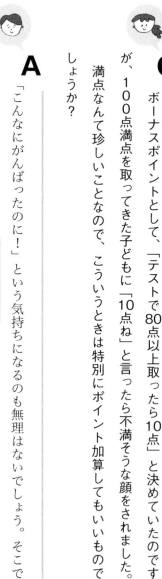

満点は１つもミスがないわけですから、99点とはやはり違うわけです。したがって、ルール決めのときに、80点以上は10点、満点のときはボーナスポイント５点を加算としておくという方法もあります。ただし、このあたりは家庭の教育方針に従ってください。

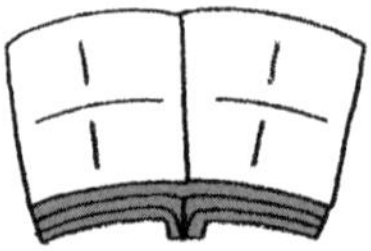

子どもへの対処法に関する質問

親がやってはいけないことは？

Q 親が一緒に子ども手帳にトライする場合、何かやってはいけないことや、注意すべきことはありますか？

A 注意点は、これまでにもいろいろとお話ししましたが、あらためていくつか挙げておきましょう。

①「勉強しなさい！」とは言わない

やらないことが気になるのであれば、「やるべきことをやりなさい」と言ってください。その理由は、もし自分が子どもで、親からどのように言われればやるようになるかと考えるとわかるでしょう。

②子どもが勉強しているときに、テレビを見たり、おしゃべりはしない

子どもが勉強しているときに、親が好きなことをしていては、幼心ながら、「ぼく（わたし）は勉強しているというのに、大人は自分勝手なことばかりして……」と思うでしょう。

やはり、子どもが勉強しているときは、勉強しやすい雰囲気や環境をつくることが大切です。

「子どもは親の言うことはやらないが、親のやっていることを真似する」という格言を忘れてはなりません。

③できるだけ規則正しい生活づくりをする

特に、週末は規則性が乱れます。夜遅くまで起きていたり、その結果、翌日は遅くまで

寝ていて、朝食を摂らなかったりすることもあります。可能な限り、子どもが規則的な生活を送れるようにしてあげる必要があるでしょう。

たいていは、大人の勝手な感覚でリズムが乱れていきます。一度〝時差ボケ〟が生じてしまうと、翌週に確実に影響を与えるので注意が必要です。

家庭によっては、親の生活時間が子どもの生活時間と異なることがあります。大変かもしれませんが、その場合もできるだけ、子どもの本来あるべき生活時間帯で規則性を正してあげることが大切です。

子どもがウソをついたら？

Q

あるときから、子どもが「ごまかし」を始めました。本当はやっていないのに、やったことにして消し込んでいるのです。

正面から叱る以外に、何かよい気づかせの方法はありませんか？

A

「ごまかし」や「ウソをつく」ということは、一般的にはあることでしょう。もちろん、それはよいことではありません。

なぜごまかしたり、ウソをつくようになるのでしょうか？　それは、ポイントが欲しいから、または怒られたくないから、あるいはしっかりやっているとほめられたいから、が主な原因です。そうでなければ、とっくに「子ども手帳」を放棄しているでしょう。

重要なのは、**前提として「子どもはごまかすし、ウソをつくこともある」と考えておくことです**。そうすると、次のような対策をあらかじめ取っておくことができます。

「ウソをついたり、ごまかしたりすると、ポイントはすべてゼロになる」

つまり、もう一度やり直しになるということです。ただし万が一、何か月も貯めてきたポイントがすべてゼロとなると、はじめからやり直すことは億劫となり、手帳自体が嫌になることも……。

そのようなときは、今回は過去1週間分や過去1か月分をゼロとするということで、もう一度やり直すチャンスを与えてあげてください。

子どもがごまかしたりウソをついたときこそ、教育のチャンスです。このチャンスを見逃してはいけません。

ごまかしやウソがいかに悪いかということを、怒るのではなくしっかりと諭してください。そのような教育が子どものときにされなかったばかりに、大人になってから誤った方向に進んでしまっている人はたくさんいるのです。

子どものモティベーションを上げるには？

Q

親としては、子どもの自立支援として手帳をなるべくいい形で継続させたいと思っています。

しかし、今ちょっとやる気を失いがちなようです。モティベーションを上げるよい方法はないでしょうか？

A

手帳に限らず、親が面白そうに取り組んでいるものや、楽しい雰囲気を醸し出していることに対して、子どもは興味を示してきます。

本書でも何度か触れましたが、親が義務という意識を持っていると、言葉の端々や雰囲気にそれが出てしまいます。義務という言葉には、「（できればやりたくないが）やらなければならないもの」という意味が含まれています。

ですから、モティベーションを上げるには、親が面白いと思い、子どもがやりたくなるように盛り上げることが最良の方法です。

私は、この**「子ども手帳」の仕組みは〝ゲーム〟だと思っています**。行っていることは勉強という立派な行為なのですが。

仕組みである外枠をゲーム感覚でつくり上げることで、子どものモティベーションを上げていくことは可能なのです（くわしくは、第2章127ページ以降をご参照ください）。

子どもが悪知恵をつけてきた

Q

やるべきことをたくさん書けば、たくさんポイントが貯まることに気づいたようで、無理にやるべきことを書こうとします。
すべて消せるようなら、書き込む項目はいくつでもいいのでしょうか？

A

これは私も経験しました。幼稚園児でも特に勘のいい子は、このようなことをしてきます。

たとえば、暗唱の宿題があったとします。一日に、俳句、漢文、四字熟語と3種類があり、それらの暗唱はせいぜい全部やっても3分で終わるのに、それを3つに分けて手帳に記入し、通常終わったら1ポイントのところを、3ポイントとするのです。

このような場合は、話をして1ポイントにしています。本人もわかっているので、すぐに元に戻します。

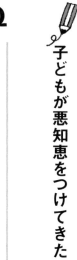

やはり、このときの判断基準となっているのは時間です。**短い時間で終わるものを分割することはおかしいということです。**

1つのタスクでも分量が多く、分けた方がいい場合は分ける、という感じで考えればよいでしょう。

新しい手帳をねだってくる

Q

手帳を書き続けているのはいいのですが、文房具屋さんに行くたびに、新しい手帳を買ってほしいとねだってきます。

書きはじめたばかりで、まだまだページは残っているのですが……。子どものモティベーションを維持するために、新しい手帳を買ってあげた方がいいのでしょうか？

A

これも大切な教育の機会です。「隣の芝生は青く見える」ということを教えてあげてください。

手帳は1年単位のものです。新しいものが欲しいときは、次の年に買うようにしてください。手帳に限らず、何でもこのようなクセがつくのはよくないことです。

おわりに

子どもには「最強マインド＝絶対積極」を！

私は、長い年月にわたって、子どもの教育指導にあたってきました。さらに、子どもを指導する先生を指導してきました。

子どもを指導するというと、どうしても勉強を教えることが主眼になります。学習塾という立場上、成績は上げる必要はありますし、受験校に合格させる必要もあります。そのため創意工夫をこらし、さまざまなノウハウを確立させてきました。

その中でも最も重要なことは、「子どもの心の状態をつねに上向きにさせる」ということでした。

現代教育には、指導法にのみ焦点が当てられ、個々の生徒の心の状態に関しては十分に注意を向けられていないという現状があります。昨今、学校カウンセラーや臨床心理士が学校に入り、子どもたちの心のケアをしています。

それはそれで大切なことではありますが、心に何か問題を感じる子どものための特別ケアにとどまっていて、教室にいる多くの子どもたちの心をケアするものではありません。

人間は、楽しいことに対しては、前向きに取り組みますが、そうでないことには、避けるか、拒絶をするものです。真面目な人は、それでも義務感を持ってやろうとしますが、そのときにかかる心理的負担は非常に大きいものです。

多少のストレスはモティベーションや成長につながるという意見もありますが、多少のストレスでは終わらないことが実際少なくありません。特に子どもは、社会的にみて弱者であり、周囲の大人が上手に環境をつくってあげなくてはならないのです。

子ども時代に大人がしてあげられること――それは基本的な学習環境をつくってあげるのは言うまでもありませんが、私は「子どもの心の状態を絶対積極にする」ことだと思っています。

「絶対積極」とは自分に自信を持ち、勇気を持って希望を育むことができる心の状態です。そのためには、自立させていく必要がありますが、どうしても親が何でもかんでも手取り足取りで教えてしまったり、場合によっては何もしないという放任状態になったりすることがあります。

その背景には、親もどうしていいかわからないということがあるのでしょう。

「どうしていいかわからない」。これは幾度となく、保護者の方から聞いた言葉です。「どうすべきなのか」。これこそが、現代教育に求められていることなのでしょう。

その手段の1つとして、私は「子ども手帳」というノウハウを開発しました。これまでお読みいただいたように、非常に簡単なツールですし、「市販のこの手帳でないとダメです！」というものでもありませんから、今日から使うことができます。

このノウハウを利用し、ぜひみなさんのご家庭ならではのオリジナルをつくってみてください。そして、保護者の「勉強しなさい！」という連呼が、「よくがんばったね！」という承認の言葉にとって代わられることを心から願っています。本書が、少しでもみなさんのお役に立つことができれば幸いです。

最後に、「子ども手帳」を使っていただいた保護者のみなさんに、この場を借りて御礼申し上げます。

「数か月経った今も、継続できています。ルーティンは手帳に書かなくても、自ら実行できるようになりました！」
「お金の大切さを理解してくれました！」
「子どもたちの根っこを生やしてくださって感謝です！」
「私が次女を寝かしつけながら寝てしまっても、（長女は）日々やることを自分できちんとやれるようになりました！」

などなど、今もうれしい感想をたくさん頂いています。ありがとうございます。

また、株式会社ディスカヴァー・トゥエンティワン編集部の三谷祐一さんには、多大なるご助言を頂きました。三谷さんをはじめとする同社のみなさまのお力なくして、この本は世に出ることはありませんでした。心より感謝申し上げます。

平成27年11月

石田勝紀

勉強しない子には
「1冊の手帳」を与えよう！

発行日　2015年　12月　30日　第1刷

Author　石田勝紀

Book Designer　石間淳（カバー）　荒井雅美（本文）
Illustrator　matsu（マツモト ナオコ）

Publication　株式会社ディスカヴァー・トゥエンティワン
〒102-0093　東京都千代田区平河町2-16-1 平河町森タワー11F
TEL　03-3237-8321（代表）
FAX　03-3237-8323
http://www.d21.co.jp

Publisher　干場弓子
Editor　三谷祐一

Marketing Group
[Staff]　小田孝文　中澤泰宏　片平美恵子　吉澤道子　井筒浩　小関勝則　千葉潤子
飯田智樹　佐藤昌幸　谷口奈緒美　山中麻吏　西川なつか　古矢薫
伊藤利文　米山健一　原大士　郭迪　松原史与志　蛯原昇　中山大祐
林拓馬　安永智洋　鍋田匠伴　榊原僚　佐竹祐哉　塔下太朗　廣内悠理
安達情未　伊東佑真　梅本翔太　奥田千晶　田中姫菜　橋本莉奈
川島理　倉田華　牧野類　渡辺基志
[Assistant Staff]　俵敬子　町田加奈子　丸山香織　小林里美　井澤徳子　藤井多穂子
藤井かおり　葛目美枝子　竹内恵子　清水有基栄　小松里絵　川井栄子
伊藤香　阿部薫　常徳すみ　イエン・サムハマ　南かれん　横井由美香
鈴木洋子　松下史

Operation Group
[Staff]　松尾幸政　田中亜紀　中村郁子　福永友紀　山崎あゆみ　杉田彰子

Productive Group
[Staff]　藤田浩芳　千葉正幸　原典宏　林秀樹　石橋和佳　大山聡子　大竹朝子
堀部直人　井上慎平　松石悠　木下智尋　伍佳妮　賴奕璇

Proofreader　鷗来堂
DTP　荒井雅美
Printing　株式会社厚徳社

ISBN978-4-7993-1828-7